PETRA HÖLZEL
BRITTA SCHÖFFMANN

Pferdeführerschein — Umgang

PRÜFUNGSWISSEN
DER FN FÜR THEORIE
UND PRAXIS

MIT KOSMOS MEHR ENTDECKEN
Nach aktueller APO 2020
SEIT 1822

KOSMOS

☞ *Inhalt*

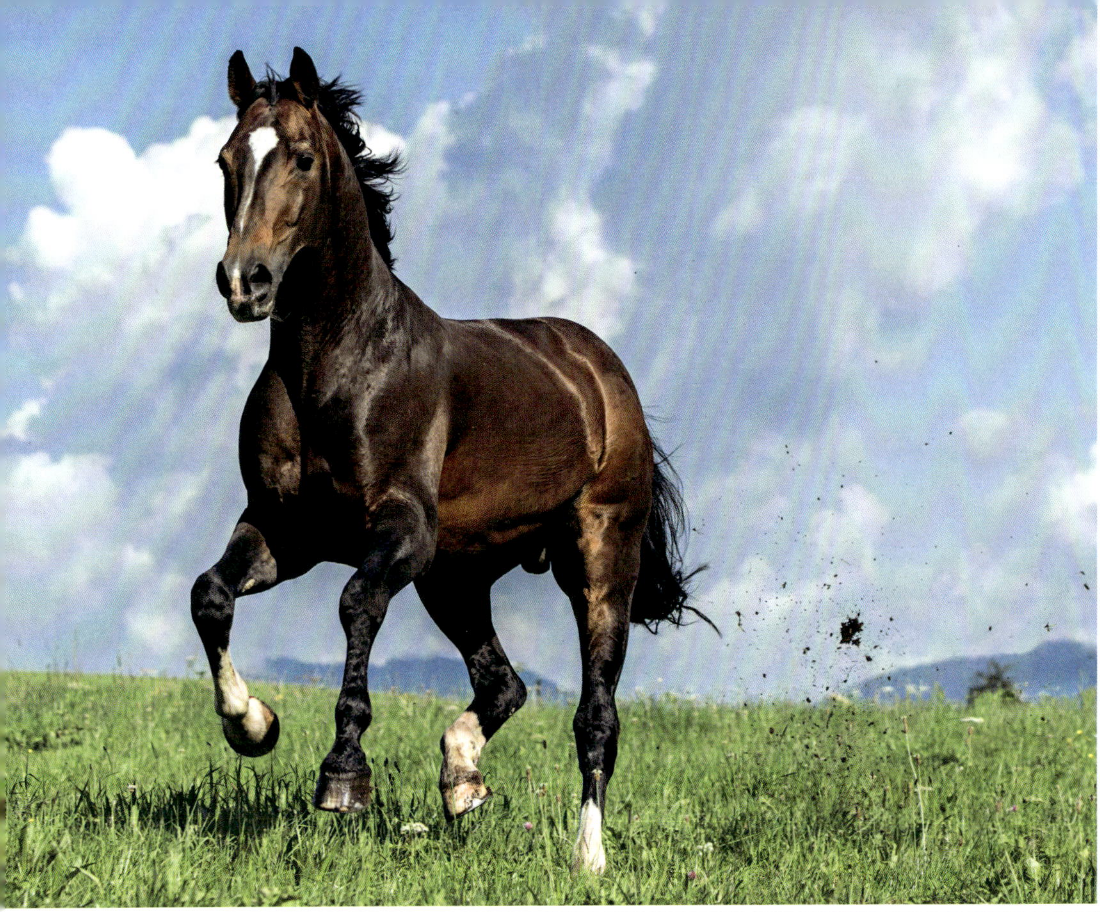

DAS KOSTENLOSE EXTRA: DIE KOSMOS-PLUS-APP FÜR DIGITALE ZUSATZINHALTE

Dieses Buch bietet Ihnen weitere Inhalte in Form vonausgewählten Videos, die durch dieses Symbol 123 gekennzeichnet sind.

Und so geht's:

1. Besuchen Sie den App Store oder Google Play
2. Laden Sie die kostenlose App „KOSMOS PLUS" auf Ihr Mobilgerät
3. Öffnen Sie die App und laden die Inhalte für „Pferdeführerschein Umgang" herunter
4. Auf den Buchseiten mit dem Symbol 123 können Sie sich die Videos ansehen. Dazu geben Sie den dort genannten Code, z. B. 001, in die App ein.

Mehr Informationen finden Sie unter plus.kosmos.de

PFERDE-FÜHRERSCHEIN – UMGANG

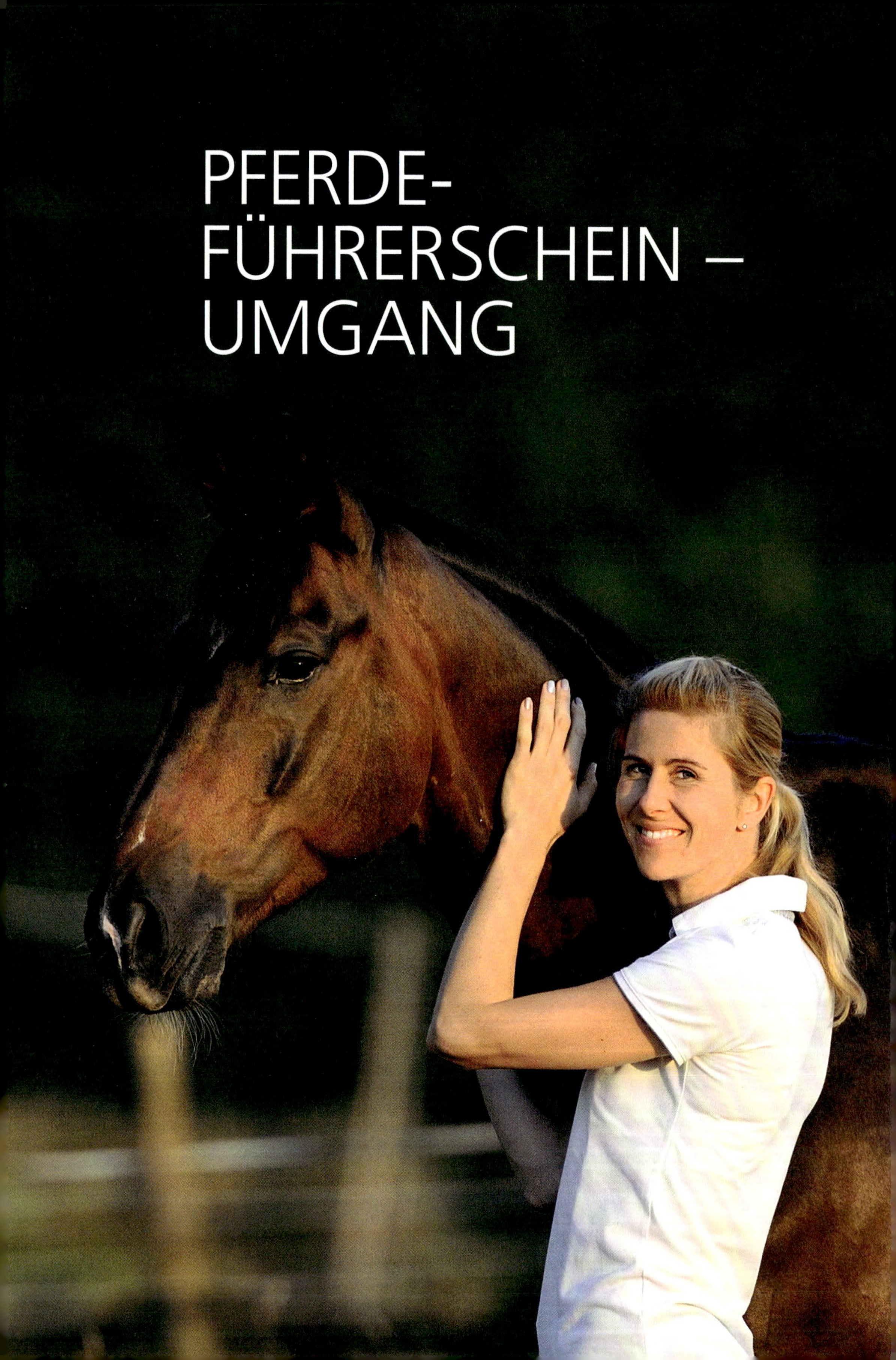

DIE PRÜFUNG

Der von der FN im Jahr 2020 eingeführte Pferdeführerschein Umgang bescheinigt dem Bewerber Kenntnisse und Fertigkeiten im sachkundigen und artgerechten Umgang mit dem Pferd. Ziel der Prüfung ist, den Umgang mit Pferden fachgerechter und risikofreier zu machen.

Der Pferdeführerschein Umgang ist Voraussetzung für den Erwerb eines Reit-, Fahr-, Voltigier- oder Longierabzeichens (Stufe 5 – 1), wenn nicht die RA 6 und 7 abgelegt wurden. Der praktische und der theoretische Teil der Prüfung ist nicht in allen Einzelheiten scharf getrennt. In der Praxis gestellte Fragen und Aufgaben verbinden sich naturgemäß mit theoretischen Erklärungen, so etwa die Handgriffe beim Satteln und Trensen mit Fragen zur Benennung von Einzelteilen und Sicherheitsaspekten, das Putzen mit Erklärungen der Putzutensilien, ihrer Funktion, der gebotenen Vorsichtsmaßnahmen usw.

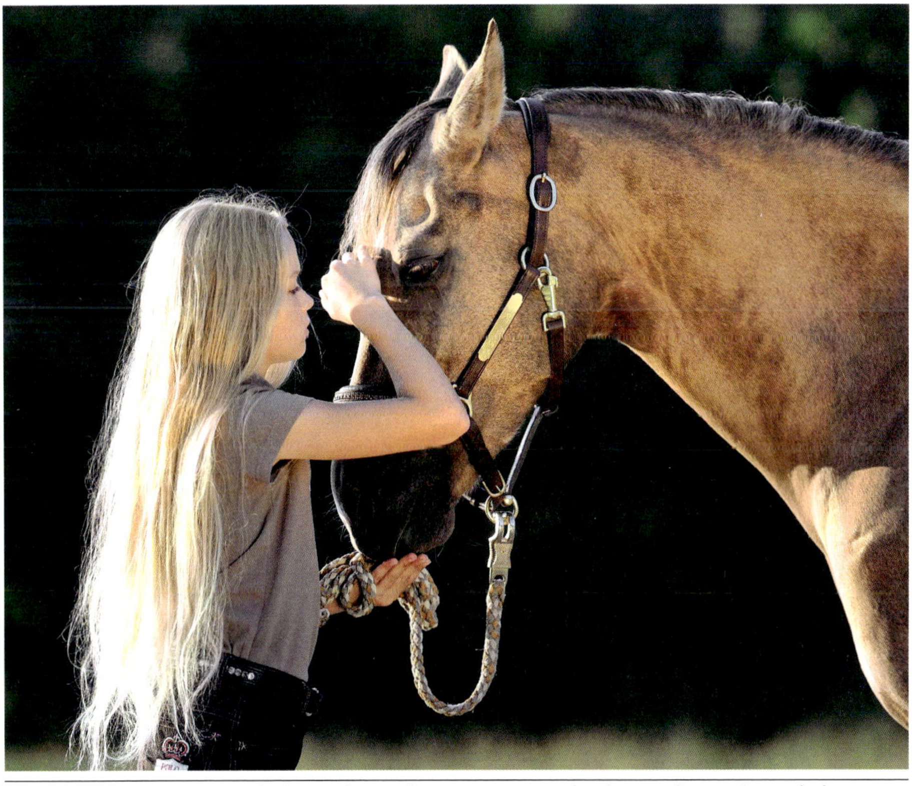

Wer sich so gut mit seinem Pferd versteht, wird im Umgang mit ihm keine Schwierigkeiten haben.

Theoretische Fragen werden in vier Stationsprüfungen als praktische Aufgaben gestellt, theoretische Antworten als Beschreibung der praktischen Ausführung von Handgriffen und Tätigkeiten gegeben. Die Prüfung zum Pferdeführerschein Umgang wird meist in Verbindung mit einer weiteren Abzeichenprüfung angeboten. Die Bestimmungen sehen vor, dass sie am selben Tag wie z. B. das RA 5 oder der Pferdeführerschein Reiten abgelegt werden kann. Das bietet sich schon deshalb an, da die Richter dann nur einmal bestellt werden müssen, was dem Veranstalter Kosten erspart. Der Pferdeführerschein Umgang ist auch, ebenso wie das seit der APO 2014 neu angebotene „Abzeichen Bodenarbeit", für nichtreitende Pferdefreunde sinnvoll und empfehlenswert, d. h. für alle, die sich wichtiges Grundlagenwissen zum Thema Pferd aneignen möchten. Das gilt besonders für diejenigen, die ihren Kindern, Ehepartnern, Freunden oder Bekannten bei der Betreuung und Versorgung ihrer Pferde zu Hause oder auf Turnieren helfen. Verlangt wird außer detaillierten theoretischen Kenntnissen u. a. über Fütterung, Pferdegesundheit, Unfallverhütung, Tierschutz und Erste Hilfe grundlegendes Wissen über das Wesen und Verhalten des Pferdes, welches Grundlage und Voraussetzung für das Verstehen und den richtigen Umgang mit ihm, also für alle Handgriffe und Tätigkeiten in der Praxis, ist.

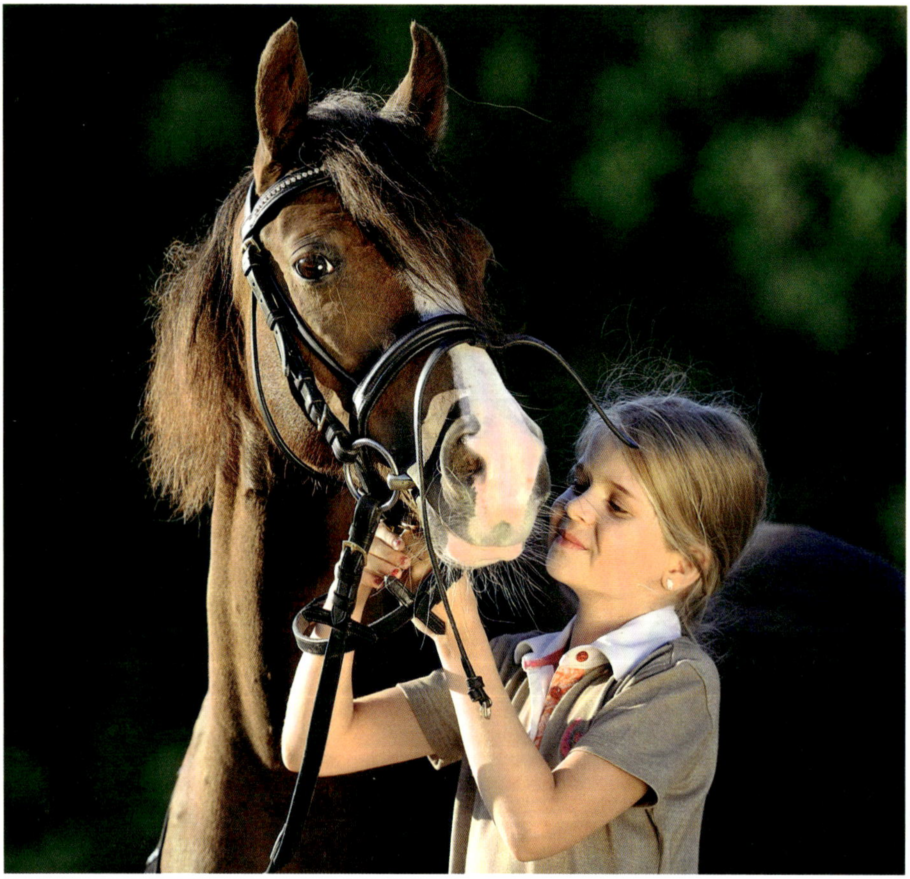

Sobald das Grundschul- bzw. Lesealter erreicht ist, kann die Prüfung zum Pferdeführerschein Umgang abgelegt werden.

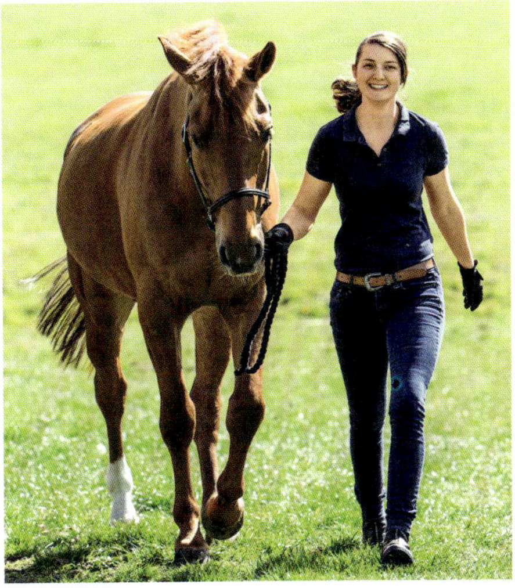

Mit Handschuhen ist das Führen sicherer.

Prüfung und Lehrgang werden von allen Reitvereinen und Pferdebetrieben durchgeführt, die dem Niveau eines FN-anerkannten Betriebes entsprechen. Der Antrag auf Zulassung wird an den Veranstalter gerichtet, der auch die Gebühren erhebt. Wenn man Mitglied in einem Reitverein ist, bestimmt ohnehin der Reitlehrer die Kandidaten für ein Abzeichen; dann erübrigt sich ein solcher Antrag. Abzeichenprüfungen und Vorbereitungslehrgänge werden auch von privaten Reitställen angeboten. Jeder Bewerber muss an einem Vorbereitungslehrgang teilnehmen, der mindestens von einem Trainer C durchgeführt werden muss. Wenn ein Reitverein z. B. auf das RA 5 vorbereitet, wird für gewöhnlich in der Gruppe intensiv darauf hingearbeitet. Bei der Vorbereitung für den Pferdeführerschein Umgang muss das für diesen verlangte Prüfungswissen mit einbezogen werden.
Die Prüfungsanforderungen umfassen eine große Bandbreite, sodass der Ausbilder eine für seine Prüflinge sinnvolle Auswahl treffen, also z. B. seine Fragen und Aufgabenstellungen auf Kinder, Jugendliche oder Erwachsene zuschneiden kann.
Teilnahmeberechtigt für den Pferdeführerschein Umgang sind alle, die eine körperliche und geistige Mindestreife, also mindestens das Grundschul- bzw. Lesealter, erreicht haben. Die Kleidung bei der Prüfung sollte zweckmäßig und bequem sein. Zum Führen werden Handschuhe empfohlen. Wichtig ist festes Schuhwerk; Sandalen oder andere offene Schuhe sind für den Umgang mit Pferden ungeeignet. Das gilt natürlich nicht nur für den Prüfungstag.
Auch im Alltag sollte stets auf Sicherheit geachtet werden. Das betrifft sowohl die Ausrüstung des Pferdes als auch die des Reiters/Pferdehalters.
Die Prüfung zum Pferdeführerschein Umgang besteht aus vier Stationsprüfungen, die an einem Tag abzulegen sind. Es werden keine Wertnoten vergeben.

DIE DEUTSCHE REITERLICHE VEREINIGUNG – FN

Im Jahr 1968 schlossen sich der Bundesverband deutscher Reit- und Fahrvereine mit dem Hauptverband für Zucht und Prüfung deutscher Pferde (HDP) unter dem Namen „Deutsche Reiterliche Vereinigung e. V." (FN = Abkürzung für Fédération Equestre Nationale) zusammen. Sie ist die nationale Vertretung der deutschen Reiter im Weltreiterverband (FEI = Fédération Equestre Internationale). Das Deutsche Olympiade-Komitee für Reiterei wurde der neuen Vereinigung unterstellt, bewahrte aber seine weitgehend selbstständige Arbeit. Die Deutsche Reiterliche Vereinigung gliedert sich in drei Abteilungen: Sport, Zucht und Persönliche Mitglieder. Sie bildet die organisatorische Zusammenfassung aller Mitgliedsinstitutionen wie der Landes- und Regionalverbände. Die FN ist zuständig für alle Regelungen, Vorschriften und Bestimmungen im Bereich des deutschen Reit-, Fahr-, Voltigier- und Breitensports, seit 1990 auch für die neuen Bundesländer.

DIE ANFORDERUNGEN

1) ERSTER KONTAKT UND PFERDEPFLEGE

- Pferdeverhalten erkennen
- Ansprechen und Annähern an das Pferd
- Aufhalftern
- Aus der Box holen
- Führen geradeaus von beiden Seiten
- Halten an einem vorgegebenen Punkt
- Anbinden
- Das angebundene Pferd zur Seite weichen lassen
- Passieren anderer Pferde
- Pferdepflege einschl. Anlegen von Beinschutz
- Ausrüsten des Pferdes einschl. Aufzäumen und Satteln

2) PFERDEVERHALTEN UND VERHALTENSGERECHTER UMGANG MIT DEM PFERD EINSCHLIESSLICH HALTUNG, FÜTTERUNG UND GESUNDHEIT

- Basiswissen rund ums Pferd
- Bedürfnisse des Pferdes
- Entwicklungsgeschichte
- Pferdeverhalten
- Pferdekunde, Pferderassen, Körperbau und Sinnesorgane
- Verhaltensgerechter und sicherer Umgang mit dem Pferd
- Bewegungsbedürfnisse des Pferdes
- Charakterbeurteilung und Verhaltensabweichung
- Sicherheitsaspekte und Unfallverhütung
- Einschlägige Bestimmungen des Tierschutzgesetzes
- Transportieren von Pferden
- Identifizieren von Pferden mittels Farbe, Geschlecht, Abzeichen und Brandabzeichen

Fütterung und Fütterungstechnik

- Grundkenntnisse der Anatomie und der Verdauung
- Futtermittel (und Rationsgestaltung)
- Fütterungstechnik

Grundlagen der Pferdegesundheit

- Pferdepflege, Hufpflege, Ausrüstung
- Grundkenntnisse von Anatomie und wesentlichen Erkrankungen
- Kenntnisse über Impfungen, Wurmkuren
- Erste-Hilfe-Maßnahmen
- Giftpflanzen
- Stallräume, Nebenräume, Bewegungsflächen
- Grundlagen zu den Themen Haltungsformen, Stallklima, Stalleinrichtung
- Stallhygiene, Box- und Paddockpflege
- Auslauf und Weide

3) PRAKTISCHER UMGANG MIT DEM PFERD, BODENARBEIT, FÜHREN IM EINGEZÄUNTEN BEREICH

- Dreiecksvorführung, (Anforderungen Bodenarbeit siehe RA 6 und 7)
- Geradeaus-Führen von beiden Seiten, Gangmaßwechsel im Schritt, Slalom, Traben auf gerader Linie, Rückwärtsrichten
- Sicherheitsaspekte und Unfallverhütung

4) PRAKTISCHER UMGANG MIT DEM PFERD IN ALLTAGSSITUATIONEN, FÜHREN IM ÖFFENTLICHEN RAUM

(je nach Pferd und Situation ist vom Lehrgangsleiter zu entscheiden, ob insbesondere Kinder dabei sicherheitshalber durch eine erfahrene Person begleitet werden).

- Grundsätze und Sicherheit beim Verladen und Transportieren / Mithilfe beim Verladen und Transportieren
- Führen des Pferdes zur Weide, Entlassen des Pferdes auf die Weide oder den Paddock
- Führen in Alltagssituationen aus dem öffentlichen Raum: z. B. Begegnung mit Radfahrer, Fußgängergruppe, Fußgänger mit Hund oder Kinderwagen. Passieren von Landwirtschaftlichen Fahrzeugen, Baumaschinen, Autos, Motorrad/Mofa. Vorbeiführen an anderen Pferden/Pferden auf der Weide/ Pferde in der Führmaschine.

Heranführen an einen unbekannten Gegenstand (Mülltonne, Regenschirm, Plane), an eine unbekannte Umgebung (Bereiche, in denen die Pferde in der Regel nicht geführt werden)

— Sicherheitsaspekte und Unfallverhütung: vorausschauendes Handeln, Einschätzen des Pferdeverhaltens, Ausrüstung des Pferdeführenden und des Pferdes (Zäumung mit Zügel oder Halfter mit Führstrick)

BESTIMMUNGEN DER FN (AUS APO 2020) FÜR DIE PRÜFUNG ZUM PFERDEFÜHRERSCHEIN UMGANG

— Der Pferdeführerschein Umgang ersetzt ab 2020 als zeitgemäße Erweiterung den Basispass Pferdekunde.

— Die Bestimmungen wurden erstmalig in der APO (Ausbildungs- und Prüfungsordnung) vom Jahr 2020 festgelegt.

— Der Antrag auf Zulassung zur Prüfung ist vom Bewerber an den Veranstalter zu richten.

— Die Prüfung kann von Reitvereinen und Betrieben mit Genehmigung des LV (Landesverband der Reit- und Fahrvereine) bzw. der LK (Landeskommission für Pferdeleistungsprüfungen) durchgeführt werden.

— Ein entsprechender Vorbereitungslehrgang ist durchzuführen (siehe FN-Merkblatt, Lehrgangsdauer ca. 30 LE). Die Durchführung des Lehrgangs muss mindestens durch einen Trainer C, B, A mit gültiger DOSB- (Deutscher Olympischer Sportbund) oder BLSV- (Bayerischer Landes-Sportverband) Lizenz bzw. Pferdewirt, Fachrichtung klassische Reitausbildung oder Haltung und Service mit gültiger DOSB-Lizenz oder gültigem Fortbildungsnachweis der BBR (Bundesvereinigung der Berufsreiter), bzw. Pferdewirtschaftsmeister, Teilbereich Reitausbildung oder Teilbereich Zucht und Haltung, erfolgen.

— Die Prüfung besteht aus vier Stationsprüfungen, die an einem Tag abzulegen sind.

— Die Prüfung darf in Verbindung mit einer Prüfung zu anderen Abzeichen im Pferdesport abgehalten werden, nicht jedoch in Verbindung mit einer Breitensportveranstaltung/Pferdeleistungsschau.

— Die Gebühren für die Prüfung sind an den Veranstalter zu entrichten.

— Bei 10 oder weniger Prüfungsteilnehmern kann die Prüfung von einem Richter/Richter Breitensport abgenommen werden. Bei 11 oder mehr Prüfungsteilnehmern ist die Prüfung von zwei Richtern oder von einem Richter/Richter Breitensport und einem Prüfer Breitensport oder einem Richter/Richter Breitensport und einem Prüfer eines FN-Anschlussverbandes abzunehmen. Im Teil Stationsprüfungen ist eine Aufteilung der Prüfungskommission möglich.

— Für die Bewertung sind Kenntnisse und Fertigkeiten im Umgang mit dem Pferd sowie Grundwissen über das Pferd ausschlaggebend.

— Das Ergebnis lautet „Bestanden" oder „Nicht bestanden".

— Eine nicht bestandene Prüfung kann zum nächstmöglichen Termin wiederholt werden, wobei alle Teile zu wiederholen sind.

— Nach bestandener Prüfung händigt die Prüfungskommission im Auftrag der FN eine Urkunde zum Pferdeführerschein Umgang und das Abzeichen aus.

VOM WESEN DES PFERDES

Pferde sind in vielfacher Hinsicht anders als unsere vertrautesten Haustiere Hund oder Katze, mit denen wir ja auch enger zusammenleben. Erst wenn wir über die wesentlichen Eigenschaften und Merkmale des Pferdes genau Bescheid wissen, werden wir sein Verhalten verstehen und richtig, d. h. art- und fachgerecht, mit ihm umgehen können.

DAS PFERD IN DER HERDE

Pferde sind Herdentiere, fühlen sich also nur in Gesellschaft richtig wohl. Auch im Stall wollen sie andere Pferde sehen, riechen und hören. Sie können sogar krank werden, wenn man sie ganz alleine hält. Der Mensch kann zu einer Art Ersatzartgenosse werden. Deshalb ist es so wichtig, dass man sich mit dem Pferd beschäftigt.

DIE RANGORDNUNG

In der Herde leben Pferde in einer festen Rangordnung, nach Regeln im Umgang miteinander, die jedem Tier einen festen Platz in der Gemeinschaft zuweisen und die für die Überlebensfähigkeit aller Herdenmitglieder notwendig sind. Dass um den Platz in der Rangordnung auch gekämpft wird, kann man auf der Weide, besonders unter Jungpferden, beobachten. Auch zwischen Mensch und Tier kann es zu solchen Rangordnungskämpfen

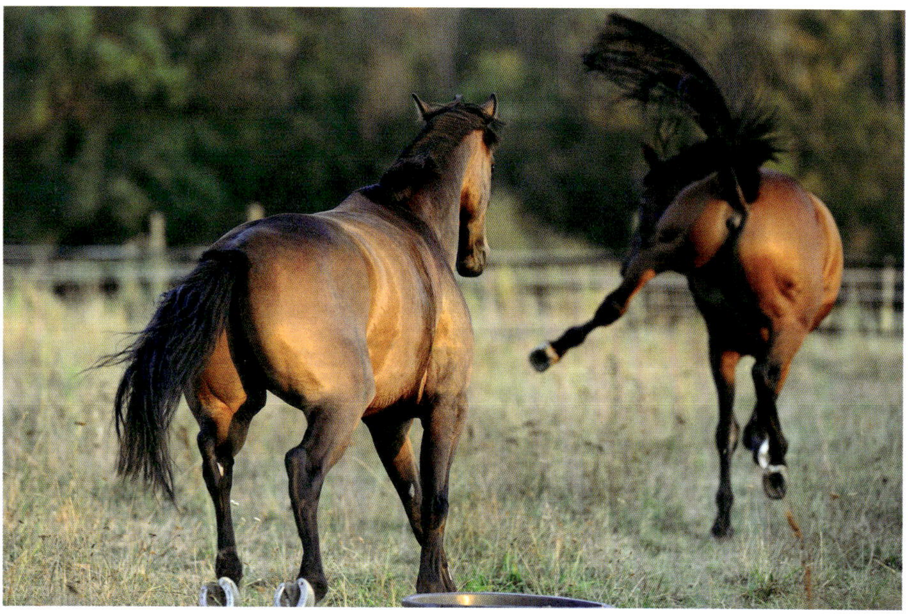

Spiel oder Ernst? Übermütiges Buckeln oder Ausschlagen gehört zum Alltag in der Herde.

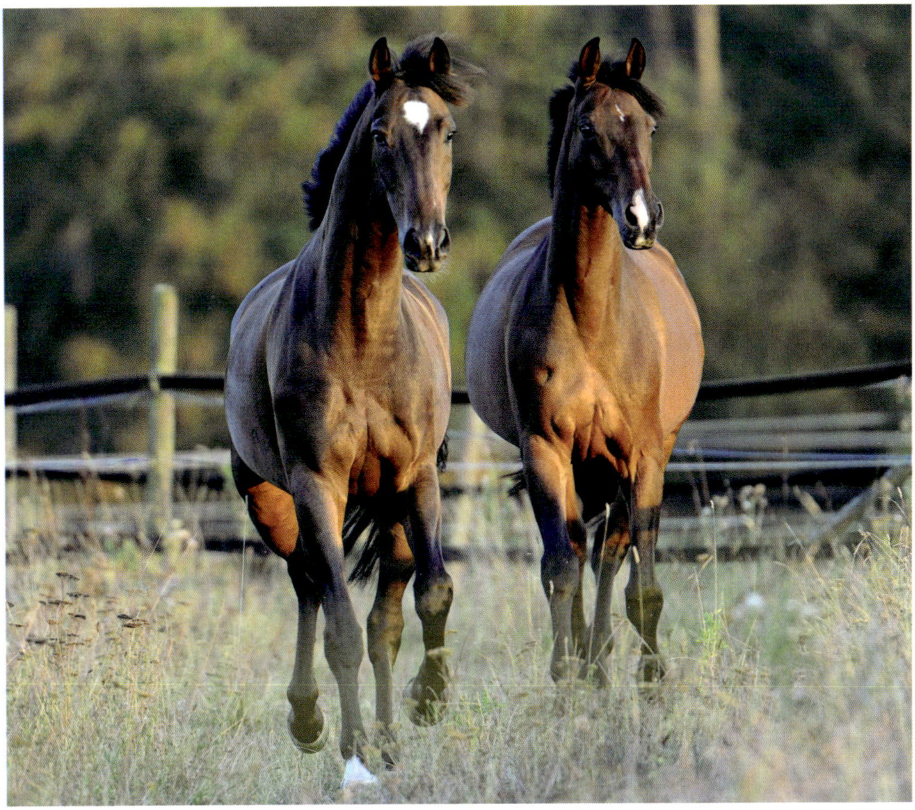

Pferde brauchen soziale Kontakte.

kommen. Der Mensch muss in dieser Rangordnung stets den ranghöheren Platz einnehmen. Deshalb ist es wichtig, schon in Kleinigkeiten konsequent auf Gehorsam zu bestehen – so z. B. darauf, dass das Pferd beim Putzen oder Satteln und Trensen absolut ruhig steht. Wenn du mit gesenkter Stimme und immer im selben Tonfall „Haalt!" zu ihm sagst, wird es dies bald gelernt haben. Unsicherheit, Nervosität oder gar Ängstlichkeit werden als Schwäche ausgelegt und gefährden die ranghöhere Position des Menschen und damit auch seine Sicherheit.

Auf der anderen Seite vermittelt der feste Platz in der Rangordnung dem Pferd ein Gefühl der Sicherheit und Geborgenheit – wie in der Herde. Die Grundlage für seinen Gehorsam gegenüber dem Menschen ist, dass es in seiner Beziehung zu ihm diese Geborgenheit empfindet und ihm vertraut.

DER FLUCHTINSTINKT

Pferde sind hochspezialisierte Lauftiere, die sich einer Gefahr durch Flucht entziehen. Das erklärt auch, warum diese groß und kräftig wirkenden Tiere eher ängstlich sind und so leicht erschrecken oder weglaufen.

BEWEGUNGSBEDÜRFNIS

Ein elementares Bedürfnis des Pferdes ist die Bewegung. Pferde, die in Freiheit leben, bewegen sich, meist in ruhigem Weidegang, 16 von 24 Stunden am Tag. Deshalb ist es nicht artgerecht, wenn sie nur eine Stunde am Tag geritten werden und während des restlichen Tages untätig herumstehen. Zusätzliche Bewegungsmöglichkeiten wie Weidegang, Longieren, Freilaufenlassen, Spazierenführen oder Grasenlassen sind unabdingbar für das Wohlbefinden des Pferdes. Das Bewegen an einer Führmaschine ist zwar nicht ideal, aber

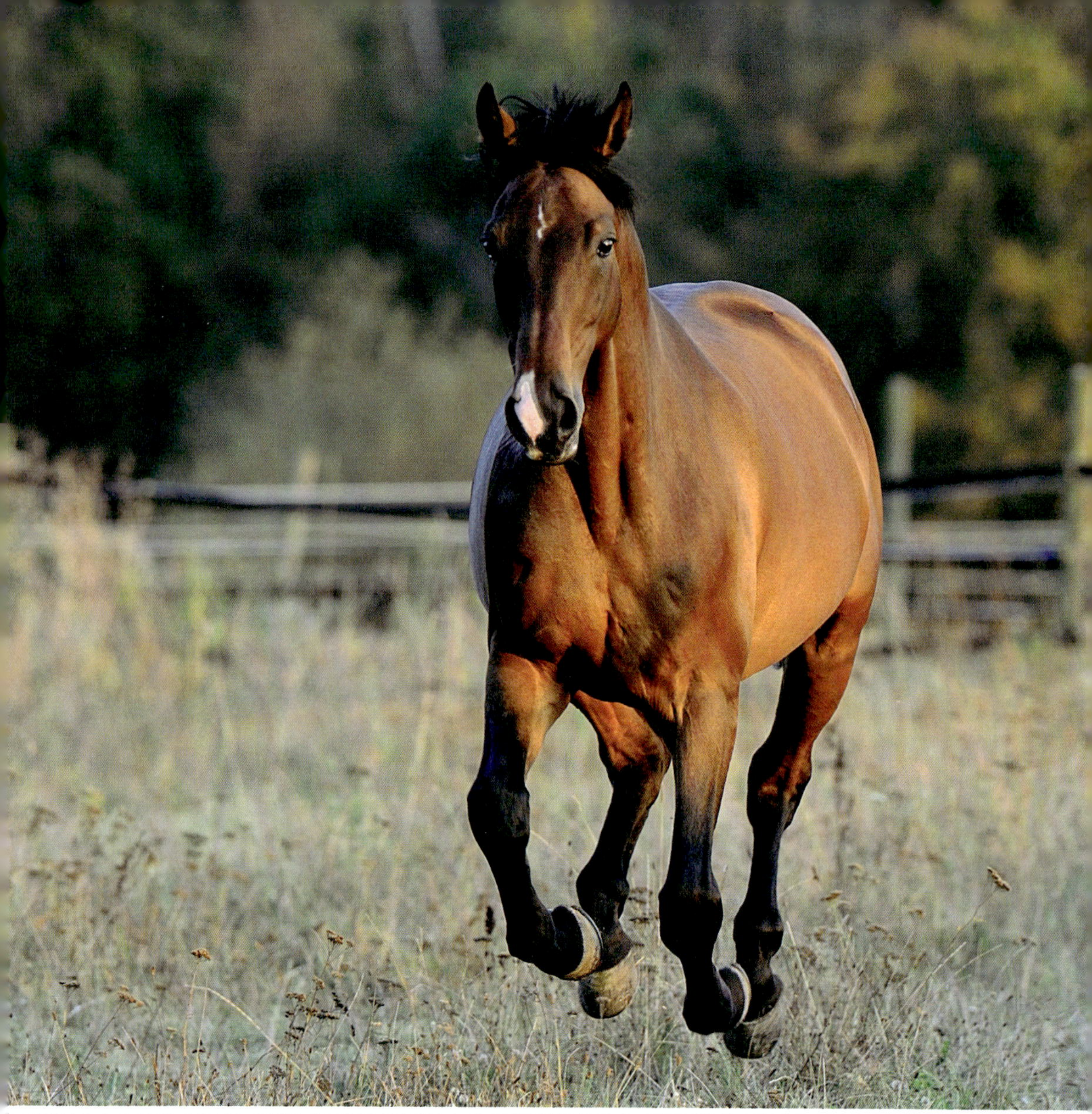

Die schönste Form der zusätzlichen Bewegung ist die auf der Weide.

besser als gar keine Zusatzbewegung! Bei Bewegungsmangel langweilt sich das Pferd, gewöhnt sich Unarten an oder wird krank.

DER PFLANZENFRESSER

Als Steppentiere hatten Pferde viel frische Luft, Licht und Platz. Da Pferde heute meist im Stall untergebracht sind, muss der Mensch dafür sorgen, dass ihnen ausreichend Frischluft – aber keine Zugluft! – und helle, geräumige Boxen zur Verfügung stehen. Die Boxen sollten nach Möglichkeit angrenzende Paddocks oder zumindest Außenfenster haben, die bei gutem Wetter geöffnet werden können. Pflanzenfresser brauchen viel Zeit und Ruhe, um zu fressen und zu verdauen. Frisches Stroh muss immer reichlich vorhanden sein. Die Futterrationen sollten auf drei bis vier Mahlzeiten verteilt werden, abends wird die größte Portion gefüttert, weil danach die längste Ruhepause folgt. Als Grundregel gilt, Pferde beim Fressen nicht zu stören und sie nie unmittelbar nach einer Mahlzeit – frühestens eine Stunde später – zu reiten.

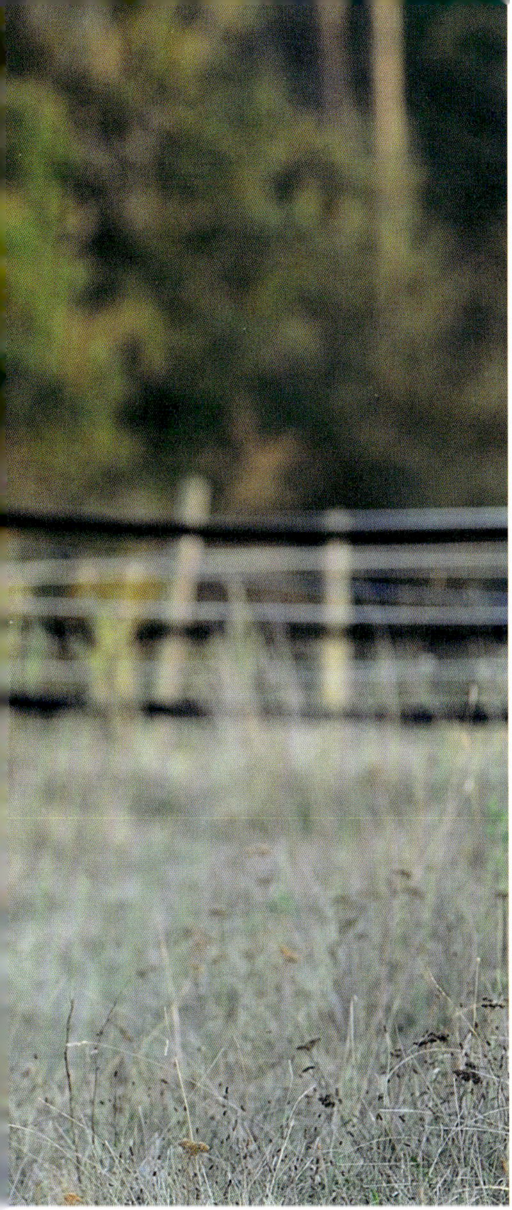

DIE SINNE

SEHVERMÖGEN

Das Sehvermögen von Pferden entspricht ihren ursprünglichen Lebensbedingungen: den Weiten der Steppe und der Bedrohung durch Raubtiere. Anders als bei Raubtieren, deren Augen nach vorne gerichtet sind, liegen die Augen des Pferdes, wie die aller grasfressenden Beutetiere, seitlich am Kopf. Dadurch hat es seitlich einen viel weiteren Blickwinkel als beispielsweise der Mensch. Es ist überdies ein Bewegungsseher, der vor allem bewegliche Dinge in viel größerer Entfernung wahrnimmt als der Mensch, dem ein Scheuen dann oft schwer verständlich ist. Beim Herantreten an das Pferd muss der Mensch sich vergewissern, dass er gesehen wird: Er spricht es gut vernehmbar an und nähert sich ihm von vorn oder von der Seite, niemals von hinten – das Pferd könnte reflexartig ausschlagen!

GERUCHSSINN

Gut ausgebildet sind auch der Geruchssinn und die Geruchserinnerung. So setzen sich Pferde häufig bei unangenehmen chemischen Dämpfen oder beißenden Stallgerüchen zur Wehr. Wenn sie einmal einen Brand erlebt haben, reagieren sie auf den Geruch von Rauch noch Jahre später mit Angst und Scheuen.

ERINNERUNGSVERMÖGEN

Da Pferde ein ausgezeichnetes Erinnerungsvermögen besitzen, merken sie sich gute wie schlechte Erfahrungen über einen langen Zeitraum: Negative Eindrücke (Gewalt oder unangemessene Strafen), die das Vertrauen erschüttert haben, prägen sich ebenso nachhaltig ein wie positive Erfahrungen. Deshalb sind Lob und Belohnung nach erbrachter Leistung so wichtig!

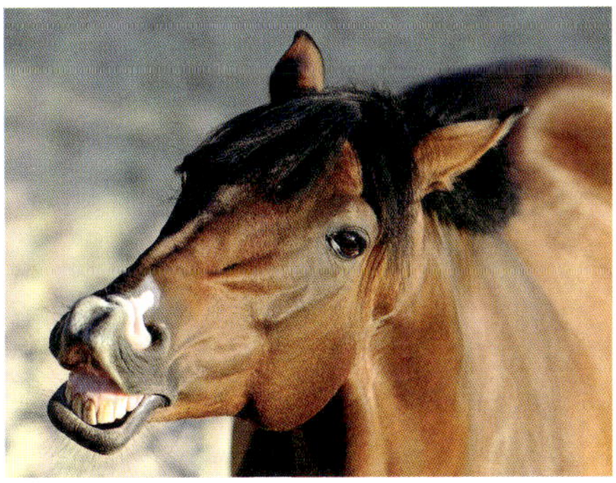

Pferde haben einen gut ausgebildeten Geruchssinn. Flehmen ist u. a. eine Reaktion auf Gerüche.

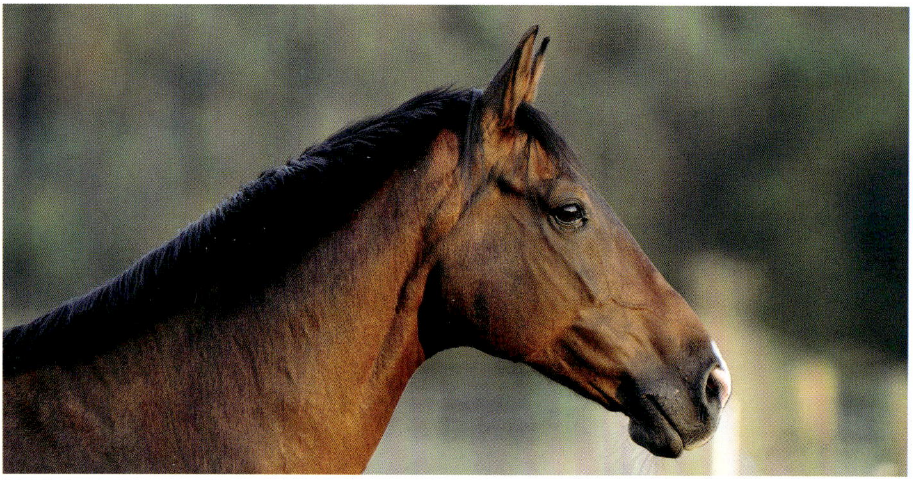

Pferde können bewegliche Dinge in großer Entfernung wahrnehmen und verfügen über ein ausgezeichnetes Gehör.

GEHÖR

Pferde verfügen außerdem über ein ausgezeichnetes Gehör. Schon deshalb sollte es selbstverständlich sein, laute Geräusche im Stall und beim Umgang mit Pferden zu vermeiden. Sie reagieren vor allem auf ungewohnte Geräusche wie einen plötzlich anfahrenden Traktor, das Rappeln eines Getränkeautomaten neben der Reitbahn oder das unerwartete Klappern von Eimern mit Erschrecken und Weglaufen.

TASTSINN

Tastsinn und Reizempfindlichkeit der Haut sind sehr gut entwickelt. Deshalb empfindet das Pferd liebevolle Berührungen wie Streicheln, das Klopfen am Hals oder das Kraulen zwischen den Ohren sowie das sachgerechte Putzen als äußerst angenehm. Auf der Weide kann man beobachten, wie hingebungsvoll die gegenseitige Fellpflege sein kann, die auch eine wichtige soziale Funktion hat.

WAS MAN ÜBER PFERDE WISSEN MUSS

— Das Pferd ist ein Herdentier. In der Herde existiert eine feste Rangordnung, die ihm Sicherheit und Geborgenheit vermittelt. Der Mensch muss in der Beziehung Mensch-Pferd die ranghöhere Position einnehmen.

— Als Flucht- und Steppentiere brauchen Pferde viel Bewegung. Daher sollte man ihnen neben dem täglichen Training auch zusätzliche Bewegungsmöglichkeiten bieten, z. B. durch Bewegung auf der Weide oder auf dem Auslauf.

— Als Pflanzenfresser brauchen Pferde Zeit und Ruhe zum Fressen und Verdauen.

— Das ausgezeichnete Erinnerungsvermögen von Pferden bewirkt, dass sie gute wie schlechte Erfahrungen sehr lange im Gedächtnis behalten.

— Pferde haben ausgeprägte Sinne: Ihr Sehvermögen umfasst einen weiteren Umkreis und Bereich als das unsere. Gehör und Geruchssinn sind sehr ausgeprägt. Deshalb scheuen Pferde vor Reizen, die Menschen oft nicht wahrnehmen. Ihr guter Tastsinn und die Reizempfindlichkeit ihrer Haut macht sie empfänglich für Berührungen.

DER UMGANG MIT DEM PFERD

Die meisten Pferde haben es gern, wenn man sie streichelt und mit ihnen schmust, und wir freuen uns, wenn sie uns mit Zutrauen und Zuneigung begegnen. Aber Vorsicht: Man kann es mit dem Schmusen auch übertreiben!

Jedes Pferd hat seine eigenen Lieblingsstellen, an denen es sich gerne kraulen oder putzen lässt. Der Betreuer oder Besitzer kann diese leicht herausfinden, darf sich aber nicht von seinem Pferd zum „Kratzbaum" degradieren lassen. Zu tief verwurzelt ist der Kampf um die Rangordnung in der Herde. Der Mensch muss sich unbestritten als Ranghöherer behaupten, d. h. auf Gehorsam auch und gerade in Kleinigkeiten bestehen. Vor allem kluge Pferde versuchen immer wieder, ihre Grenzen zu erweitern – hier eine kleine Unart, dort eine kleine Frechheit, und plötzlich fühlen sie sich als starke Sieger. Konsequenz hat dabei nichts mit übertriebener Härte zu tun. Es geht um die richtige Balance zwischen Zuneigung und Respekt.

Pferde sind nicht in erster Linie Schmuse- oder Kuscheltiere! Mit Verwöhnung und Verzärtelung tun wir weder uns noch ihnen einen Gefallen. Der feste Platz in der Rangordnung vermittelt ja zugleich Sicherheit und Geborgenheit. Ständiges Betteln, Scharren oder Herumknabbern an der Kleidung sind weder liebenswert noch amüsant und müssen schon im Ansatz abgestellt werden. Derartige Unarten sind beim täglichen Umgang mit Pferden nicht nur lästig, sondern können auch zur Gefahrenquelle werden.

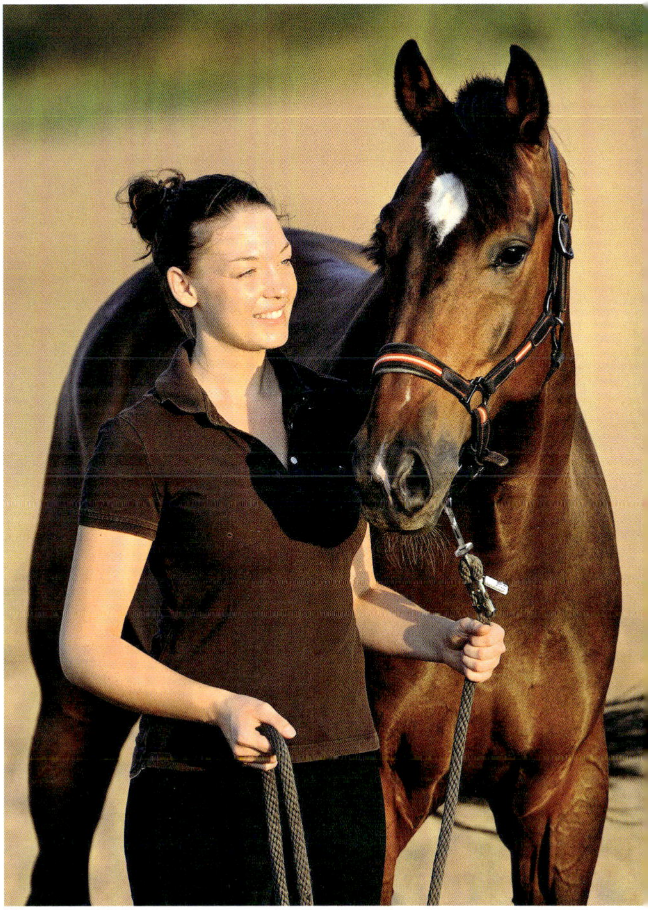

Der Mensch gibt dem Pferd Sicherheit durch eine konsequente, ruhige Führung.

WISSENS-CHECK **UMGANG**

?	**Weshalb ist es nicht artgerecht, ein Pferd alleine zu halten?**	✓	Weil es ein Herdentier ist und die Gesellschaft seiner Artgenossen braucht.
?	**Genügt es, ein Pferd eine Stunde am Tag zu reiten?**	✓	Nein, es braucht dringend zusätzliche Bewegung, da es in Freiheit 16 Stunden am Tag in – meist ruhiger – Bewegung ist.
?	**Was bedeutet die Rangordnung in der Herde für die Beziehung des Pferdes zum Menschen?**	✓	Dass es unter Umständen auch mit ihm um die Rangordnung kämpfen will. Der Mensch muss darauf bestehen, die ranghöhere Position einzunehmen.
?	**Weshalb laufen Pferde weg, wenn sie erschrecken?**	✓	Weil sie Fluchttiere sind.
?	**Warum soll man ein Pferd beim Fressen nicht stören und es nie unmittelbar nach einer Mahlzeit reiten?**	✓	Weil es als Pflanzenfresser viel Zeit und Ruhe zum Fressen und Verdauen braucht (Kolikgefahr!). Es muss nach der Mahlzeit mindestens eine Stunde in Ruhe gelassen werden.
?	**Was ist über das Erinnerungsvermögen des Pferdes zu sagen?**	✓	Es ist ausgezeichnet und speichert positive wie negative Eindrücke über sehr lange Zeit.
?	**Wodurch unterscheidet sich das Sehvermögen des Pferdes von dem des Menschen?**	✓	Das Pferd sieht seitlich in einem viel weiteren Blickwinkel als wir. Auch in der Ferne sieht es vor allem Dinge, die sich bewegen, viel genauer.
?	**Wie sind Gehör, Geruchs- und Tastsinn ausgebildet?**	✓	Ausgesprochen gut

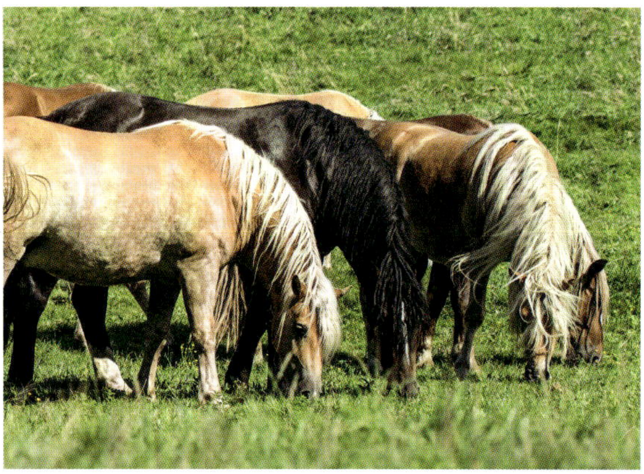

Pferde fühlen sich in der Herde sicher.

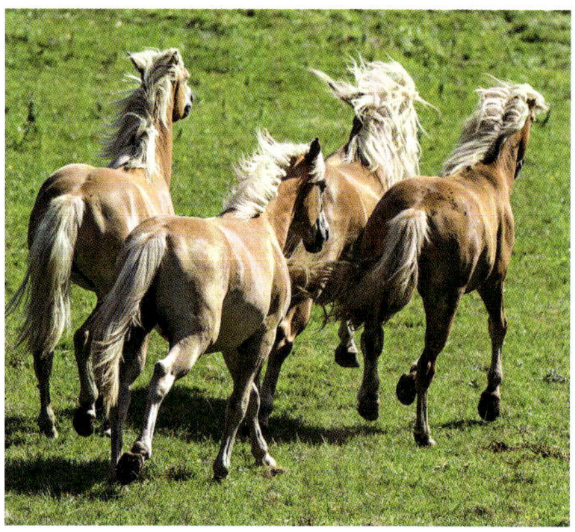

Bei drohender Gefahr flüchten Pferde.

DAS AUSDRUCKSVERHALTEN DES PFERDES

Die aufmerksame Beobachtung des Ausdrucksverhaltens ermöglicht wichtige Rückschlüsse auf die innere Verfassung, den Gemütszustand des Pferdes. Nur wer das Verhalten des Pferdes richtig erkennen und deuten kann, wird mit ihm fachgerecht umgehen und unnötige Unfallrisiken vermeiden.

Augen Auch beim Pferd ist das Auge der „Spiegel der Seele“: Es drückt Aufmerksamkeit, Zutraulichkeit, Gutmütigkeit, aber auch Misstrauen, Stress oder Furcht aus.

Ohren Sie geben ebenfalls wichtige Hinweise auf die Gemütsverfassung des Pferdes. Zurückgelegte, anliegende Ohren drücken Missbehagen und Abwehrhaltung, auch Drohung aus, ein lebhaftes Ohrenspiel und aufgerichtete Ohren dagegen Aufmerksamkeit, Neugierde oder Begrüßung.

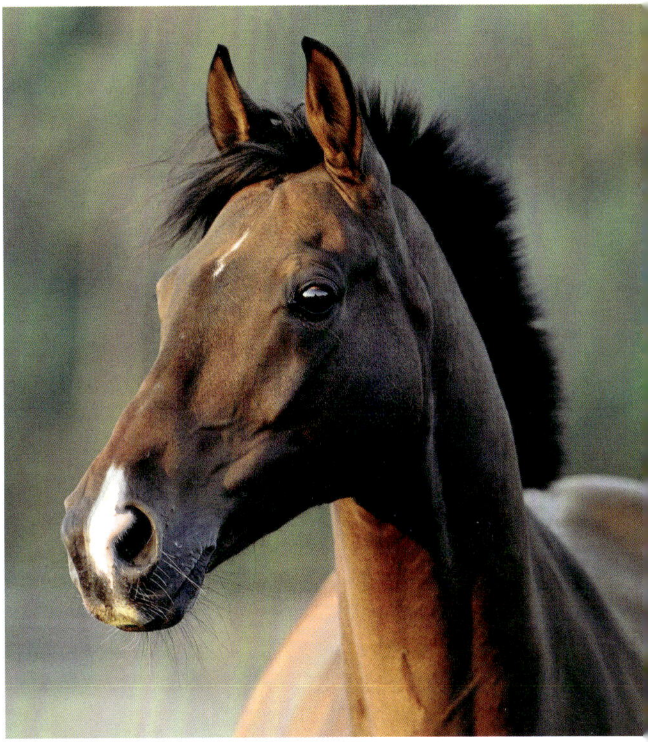

Aufgerichtete Ohren und aufmerksame Augen

Lippen Auch durch Lippenbewegungen drückt das Pferd seine Stimmung aus. So zeigt eine vorgeschobene Oberlippe, zum Beispiel beim Putzen, Wohlbefinden an. Wenn das Pferd dagegen die Lippen zurückzieht und seine Zähne zeigt, ist das ein Zeichen von Aggression.

Schweif Abschnauben oder Abprusten, in Verbindung mit lockerer, pendelnder Schweifhaltung, deutet beim Reiten auf gelöste, entspannte Muskulatur und Leistungsbereitschaft hin. In einem gespannt getragenen, eingeklemmten oder hochgestellten Schweif drücken sich dagegen Angst, Spannung oder Aufregung aus. Schweifschlagen kann auf Unruhe, Unsicherheit, Verspannung und Verärgerung hinweisen.

Körperhaltung Auch aus der Haltung der Beine kann man die Stimmung des Pferdes erkennen. Steht es mit gesenktem Kopf auf drei Beinen und entlastet das vierte, so befindet es sich in Ruhehaltung: Es ruht sich aus oder schläft.
Durch Scharren mit den Vorderbeinen will es auf sich aufmerksam machen, hat Hunger, Durst oder eventuell sogar Schmerzen. Allerdings kann es sich dabei auch um eine Untugend handeln – viele Pferde versuchen auf diese Art, um Futter zu betteln!
Ein losgelassener, herunterhängender Kopf zeigt Ruhestellung, angespanntes Nachuntenhalten dagegen kann Aggression bedeuten. Hohe Kopfhaltung heißt „Achtung“. Durch ruckartiges Hochwerfen des Kopfes werden Unruhe und Aufregung angezeigt. In wiederholtem Kopfschütteln äußert sich Verärgerung.

Schweißbildung Schweiß entsteht außer durch Anstrengung auch durch besondere Aufregung. Sie wird in der Regel von erhöhter Herz-(Puls-) und Atemfrequenz begleitet.

PFERDE VERSTEHEN

Da das Pferd nicht sprechen kann, sind wir darauf angewiesen, sein Verhalten, seine Körpersprache zu verstehen, durch die es uns wissen lässt, wie es sich fühlt und wie es reagieren könnte. Es ist allerdings nicht immer ganz leicht, diese Körpersprache richtig zu deuten.

Auch Pferde drücken sich individuell verschieden aus. Beim eigenen, vertrauten Pferd wird man rasch wissen, was es auf welche Weise mitteilen will. Bei fremden Pferden kann man nicht vorsichtig genug sein. Immer einzubeziehen ist ihre Schreckhaftigkeit, verbunden mit der Neigung, wegzulaufen. Auf der anderen Seite kann das Fluchttier auch äußerst wirksame Waffen einsetzen! Außer seinen Zähnen benutzt es bei Streitigkeiten mit Artgenossen vor allem die Hufe. In der Herde kann man gut beobachten, wie Pferde z. B. unvermittelte Annäherung von hinten mit Auskeilen der Hinterbeine quittieren. So wird der lästige Artgenosse auf Distanz verwiesen, die Stute wehrt auf dieselbe Art und Weise den unerwünschten Hengst ab. Das Ausschlagen bei unerwarteter Annäherung von hinten ist ein tief verwurzelter Reflex, auf den wir auch bei unseren domestizierten Tieren – vor allem wenn sie jung sind – stets gefasst sein müssen.

DAS SOLLTE MAN IM UMGANG MIT DEM PFERD BEACHTEN

- Das Verhalten des Pferdes beobachten und richtig verstehen.
- Ruhe, Sachlichkeit, Sicherheit und Konsequenz zeigen.
- Auf dem Einhalten der Rangordnung Mensch/Tier bestehen.
- Pferden, die Angst oder Unsicherheit äußern, nähert man sich vorsichtig und mit beruhigender Stimme.
- Nie mit Lob und Belohnung sparen!
- Aber Vorsicht: Ständiges, unbegründetes Füttern mit Leckerbissen führt zu Untugenden oder gar einer Umkehr der Rangordnung!
- Strafen – wenn überhaupt nötig – äußerst sparsam und nur in angemessener, dem Pferd verständlicher Weise anwenden. Alles andere führt zu Angst, Widersetzlichkeit oder gar Bösartigkeit.
- Ein klares, ruhiges Korrigieren ist bei unerwünschtem Verhalten viel angebrachter.

Zur freundschaftlichen Begrüßung nähern sich Pferde einander von vorn-seitwärts, sodass sie sich sehen können. Dasselbe sollte auch der Mensch berücksichtigen.

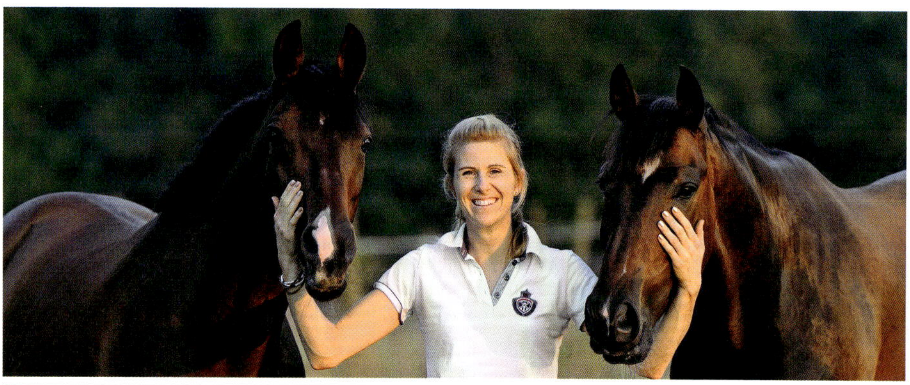

Gespitzte Ohren und ein offener Blick drücken Neugier und Zutrauen aus. Der Mensch achtet auf ausreichend Abstand zwischen sich und den Pferden.

WISSENS-CHECK **KÖRPERSPRACHE**

?	**An welchen Körpermerkmalen lässt sich die Gemütsverfassung des Pferdes ablesen?**	✓	Am Ausdruck der Augen, dem Ohrenspiel, der Schweifhaltung, den Lippenbewegungen, der Kopf- und Beinhaltung
?	**Was drückt ein Pferd aus, das die Ohren anlegt, und wie verhältst du dich?**	✓	Es drückt Unbehagen und Abwehr aus. Ich nähere mich ihm vorsichtig, spreche es mit ruhiger, gut vernehmbarer Stimme an, bis es die Ohren nach vorn nimmt.
?	**Wie näherst du dich einem Pferd, das bei gesenktem Kopf auf drei Beinen steht und das vierte entlastet? Begründe dein Verhalten.**	✓	Das Pferd ist in Ruhehaltung, es schläft wahrscheinlich. Um es nicht zu erschrecken, spreche ich es laut, aber ruhig an und nähere mich ihm erst, wenn es sich mir zuwendet.
?	**Was signalisieren aufgerichtete Ohren und aufmerksame Augen?**	✓	Neugier und Zutrauen
?	**Was drückt ein gespannt getragener, eingeklemmter oder hochgestellter Schweif aus?**	✓	Angst, Spannung oder Aufregung. Das Pferd muss beruhigt werden.
?	**Weshalb darf man ein Pferd, das Angst ausdrückt, auf keinen Fall strafen?**	✓	Weil Strafen die Angst nur steigern. Verständnis, Geduld und Ruhe sind angesagt, um Vertrauen herzustellen.
?	**Warum sollten Pferde nicht ständig grundlos mit Leckerbissen gefüttert werden?**	✓	Weil man sie damit zu Untugenden erzieht (z. B. dauerndes Scharren) und dazu verleitet, die Rangordnung Mensch-Tier umzukehren.

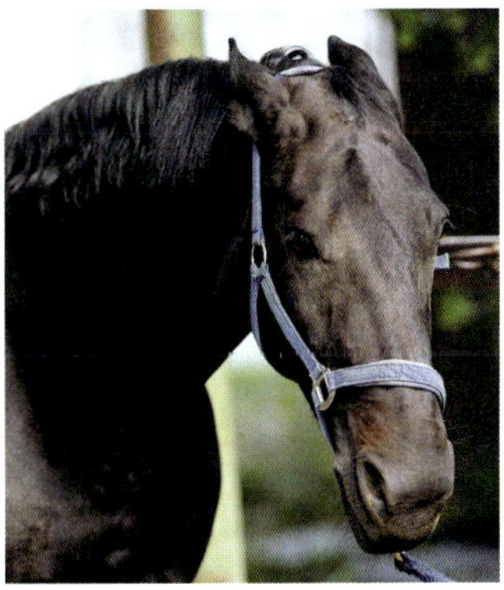

Angelegte Ohren drücken Ablehnung oder, wie hier, eine Drohung aus.

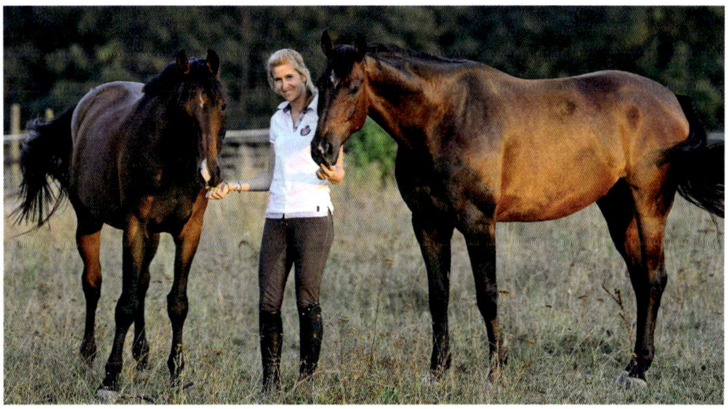

Entspannter Besuch auf der Weide. Mensch und Pferd im vertrauensvollen Umgang miteinander

DIE MERKMALE DES REITPFERDES

Der Körper des Pferdes nach seiner äußeren Erscheinung und Form wird auch als Exterieur bezeichnet, im Gegensatz zum Interieur, seiner inneren Veranlagung, dem Charakter. Als Format bezeichnet man das Verhältnis von Widerristhöhe zur Rumpflänge.

Das Format des Pferdes variiert je nach Rasse, Geschlecht oder individuellem Typ. Hengste können eher quadratisch, Stuten eher langrechteckig sein. Auch bei den einzelnen Rassen kann das Format verschieden sein. Orientalische Rassen z. B. haben in allen drei Geschlechtern einen höheren Prozentsatz an quadratischen Pferden.
Je nach Verwendungszweck als Reitpferd in den verschiedenen Disziplinen werden bestimmte Formate bevorzugt. So ist das Quadratpferd mit relativ kurzem Rücken (Widerristhöhe und Länge des Rumpfs bilden ein Quadrat) als klassisches Dressur-, aber auch Westernpferd besonders geeignet, während im Spring- und Vielseitigkeitssport das Rechteckpferd mit längerem Rücken bevorzugt wird.

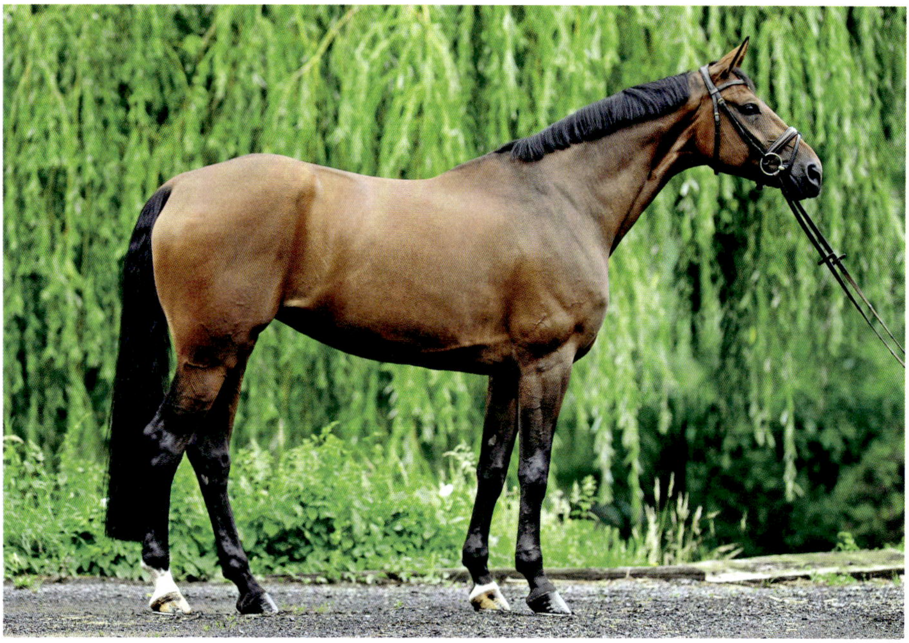

Eine sportliche Stute im Rechteckformat stehend

DER KOPF

Der Kopf sollte in seinen Proportionen den anderen Körperteilen entsprechen, er darf nicht zu groß und zu schwer sein. Man wünscht sich große, lebhafte und intelligente Augen und fein ausgebildete Ohren, die durch ihre Beweglichkeit Temperament und Aufmerksamkeit verraten.

GANASCHEN-KOPFANSATZ

Eine wichtige Voraussetzung, um das Pferd problemlos durchs Genick reiten zu können, ist der Ganaschen-Kopfansatz: Die breiten Ganaschen müssen den Ohrspeicheldrüsen genügend Spielraum lassen – die Backenknochen dürfen also nicht zu breit sein. (Als Ganasche wird der Bereich am hinteren oberen Unterkieferrand am Übergang vom Kopf zum Hals bezeichnet. Der Ganasche liegt die Ohrspeicheldrüse an.)

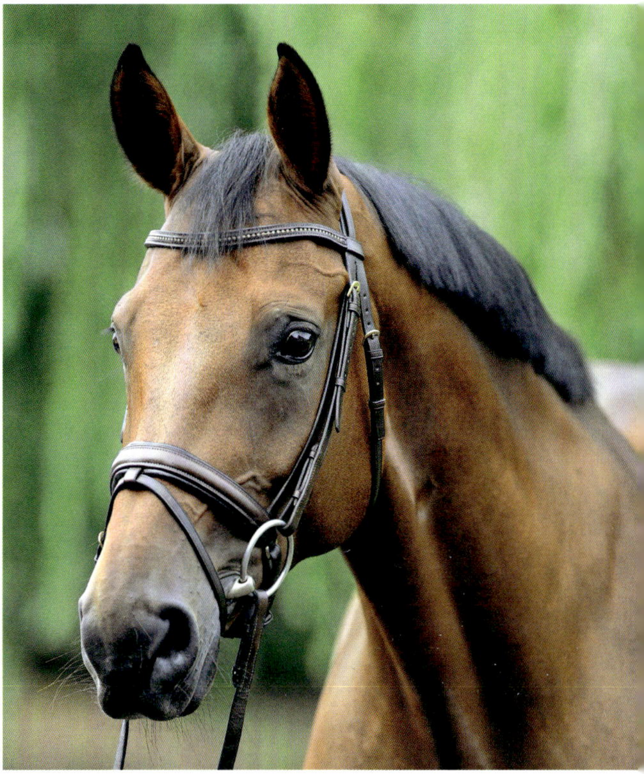

Dieses Gesicht zeugt von großer Intelligenz und Wachheit.

DER HALS

Er soll aus der Schulter heraus breit angesetzt, bei mittlerer Halslänge die Oberhalslinie länger als die des Unterhalses sein. Ein Pferd mit einem ausgeprägten Unterhals, auch Hirschhals genannt, ist – vor allem wenn Ganaschen- und Genickprobleme hinzukommen – schwer an den Zügel zu reiten.

DIE SCHULTER

Sie sollte lang und schräg sein (nicht steiler als 45 Grad) und durch ihre Breite genügend Ansatzfläche für die Muskeln bieten. Eine breite und tiefe Brust muss Herz und Lunge genügend Platz bieten. Dies ist besonders bei Leistungspferden, die im sportlichen Wettkampf gefordert werden, wichtig.

DER WIDERRIST

Ein ausgeprägter, breiter und langer Widerrist ist wichtig, damit das Pferd viel Muskulatur ansetzen kann, sodass die Verbindung von Rumpf und Vorderbeinen möglichst stabil wird und Kraft für eine weit ausgreifende Vorderbeinbewegung entsteht. Auch für eine gute Sattellage ist der ausgeprägte Widerrist wichtig.

DER RÜCKEN

Der Rücken sollte in der Sattellage eine leichte Senkung haben. Er sollte gut bemuskelt, von mittlerer Länge und guter Rippenwölbung, der Übergang zur Nierenpartie sacht und ohne sichtbare Grenze sein. Die genügend lange Nierenpartie sollte sich in einer langgezogenen Kruppe fortsetzen.

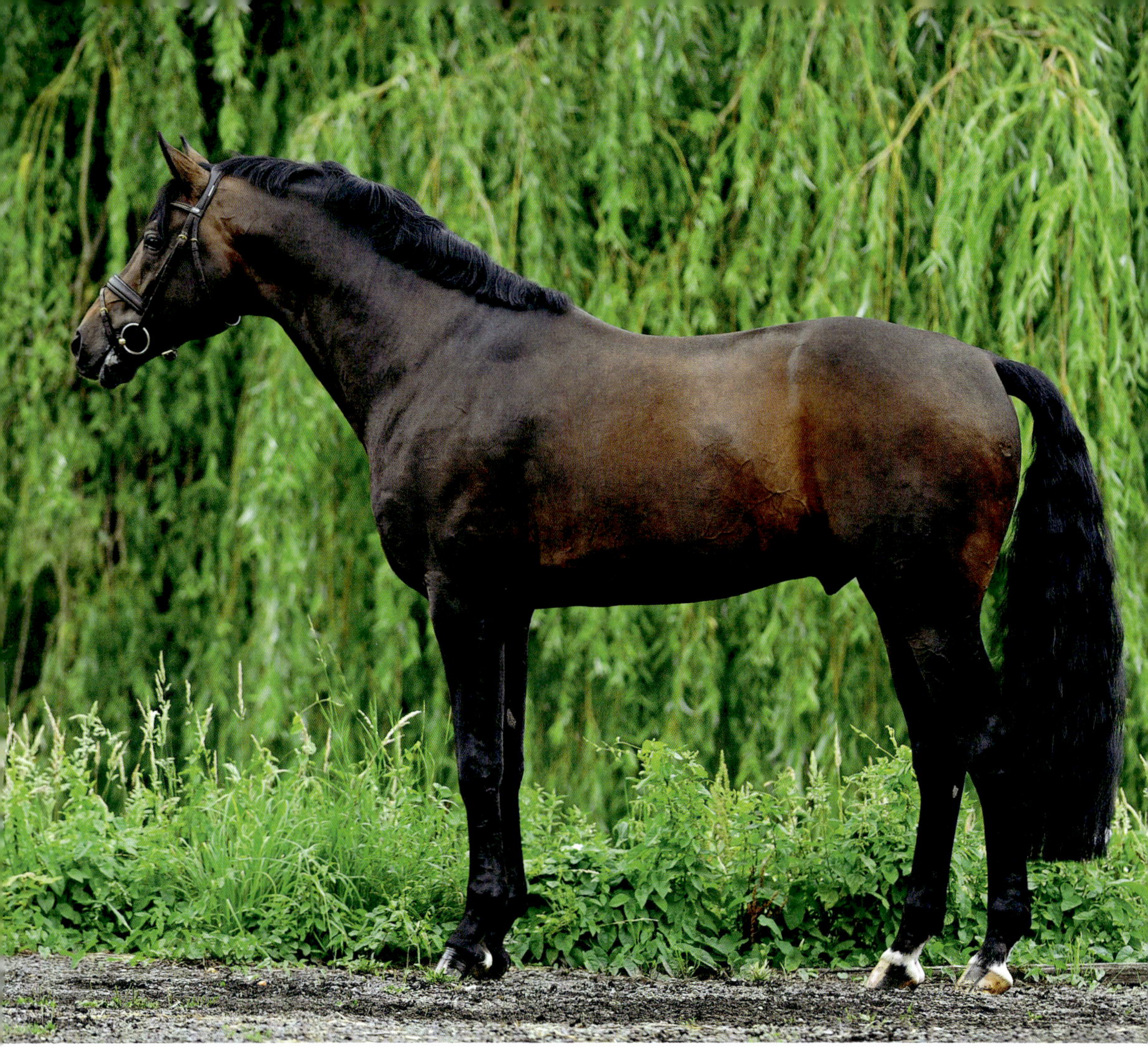

So wie bei dem abgebildeten Pferd wünscht man sich das Exterieur des Reitpferdes.

DIE KRUPPE

Sie wünscht man sich möglichst lang und abgerundet. Ihre Muskeln sollten lang und stark – als sogenannte Hosen – am Oberschenkel in Richtung Sprunggelenk verlaufen.

DIE PFERDEBEINE

Diese sollen klar und fest sein und weder Gallen noch Überbeine haben. Der Unterarm soll mindestens so lang sein wie die Vorderröhre, möglichst aber länger, da die Vorderröhre wenig bemuskelt ist. Dasselbe gilt für Unterschenkel und Hinterröhre.

STOCKMASS UND BANDMASS

Das Stockmaß und das Bandmaß dienen zur Größenbestimmung des Pferdes. Beim Stockmaß wird die Größe des Pferdes senkrecht vom Boden bis zur obersten Kante des Widerristes gemessen. Ein senkrecht auf dem Boden stehender Zollstock mit einer im rechten Winkel daran befestigten, verschiebbaren Messlatte gibt die Größe des Pferdes an. Im Vergleich zum Stockmaß ist das Bandmaß – hierfür wird ein Maßband verwendet – die weniger genaue Messmethode, da das Bandmaß der Form der Schulter folgt und daher, je nach Umfang des Pferdes, zwischen fünf und zehn Zentimeter mehr anzeigt als das Stockmaß.

PFERDERASSEN

Es gibt eine unglaubliche Vielzahl an Pferderassen und jede hat ihre Besonderheiten. Die wichtigsten Pferderassen sind Vollblüter, Warmblüter, Kaltblüter, Ponys (alle Pferde, die 1,48 m und kleiner sind), Barockpferde, Gangpferde, Westernpferde.

VOLLBLÜTER

Zu den Vollblütern zählen Araber (Kennzeichen: ox) und Englisches Vollblut (Kennzeichen: xx). Das Kennzeichen wird hinter den Namen des Pferdes gesetzt.

TRABER

Der Traber kommt auf Grund der Zuchtauswahl dem Vollblüter nahe. Er wird eigens für das Renntraben gezüchtet. Am bekanntesten sind Russische, Orlow, American Standard Bred und Französische Traber.

WARMBLÜTER

Die wichtigsten Zuchtgebiete für die Warmblüter in Deutschland sind: Baden-Württemberg, Bayern, Brandenburg-Anhalt, Hannover, Mecklenburg-Vorpommern, Oldenburg, Sachsen, Sachsen-Anhalt, Schleswig-Holstein, Thüringen, Trakehner Bundeszucht, Westfalen (vgl. Illustration S. 25). Die verschiedenen Warmblutzüchtungen unterscheiden sich heute kaum noch voneinander. Sie wurden durch Vollblut veredelt und orientieren sich am Zuchtideal des modernen Sportpferdes. Zuchtziel ist ein edles Reitpferd mit korrektem Körperbau, guter Rittigkeit und Charakter.

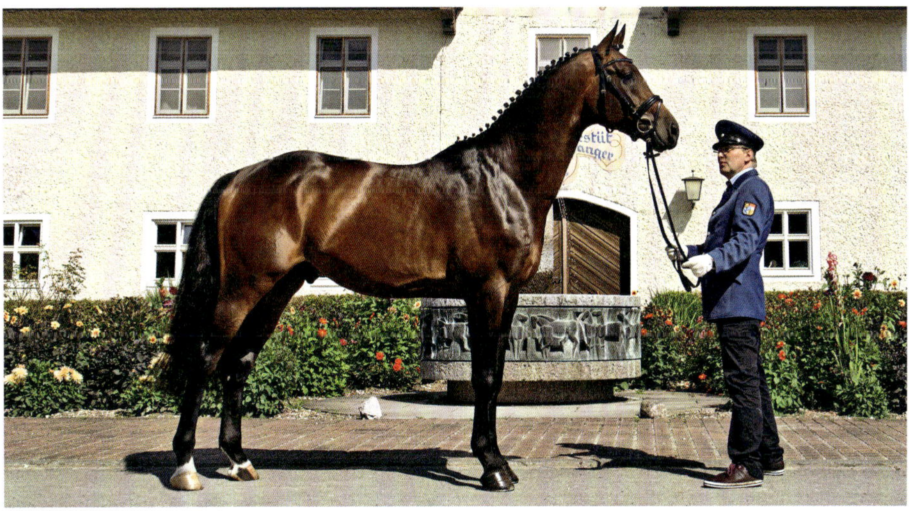

Warmblüter

KALTBLÜTER

Die wichtigsten Kaltblüter sind: Belgier, Mecklenburger, Rheinisches Kaltblut, Ardenner und Noriker. Als schweres, auf Masse gezüchtetes Arbeitspferd wird der Kaltblüter heute in der Forstwirtschaft wieder zunehmend eingesetzt.

MIKROCHIP
Alle nach dem 1.7.2009 geborenen Pferde und alle vor dem 1.7.2009 geborenen Pferde, für die nicht bereits ein Equidenpass ausgestellt wurde, müssen mit einem Pass und mit einem elektronisch auslesbaren Transponder gekennzeichnet werden.

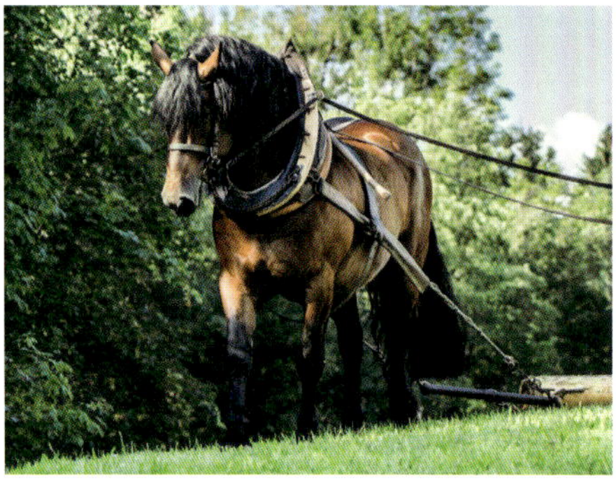

Kaltblüter

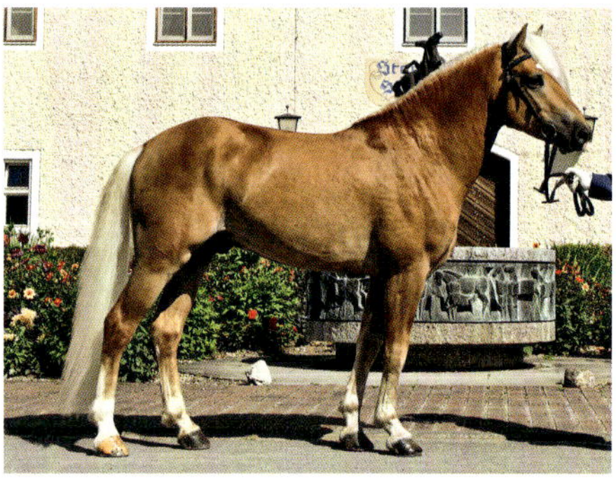

Haflinger

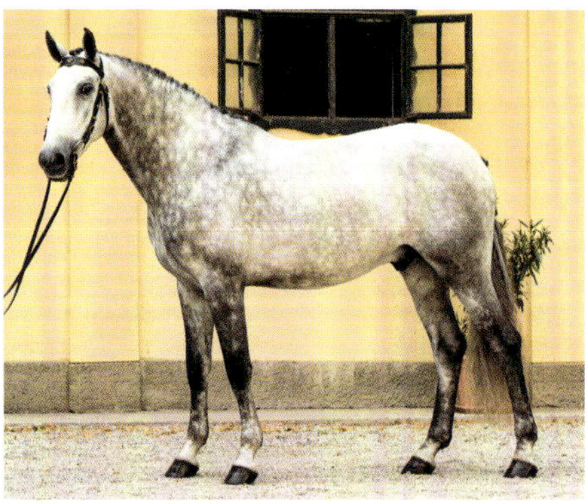

Lusitano

PONYRASSEN

Die bekanntesten Ponyrassen sind: Norwegisches Fjordpferd, Haflinger, Dülmener Wildpferd, Shetland-, Island-, Welsh- und Connemarapony. Außerdem werden in allen Bundesländern deutsche Reitponys gezüchtet, die dem Ideal des kleinen, eleganten Sportpferdes entsprechen.

BAROCKPFERDE

Die berühmten Lipizzaner der Spanischen Hofreitschule in Wien gehören zu den Barockpferden, ebenso wie Andalusier, Lusitanos, Friesen, Knabstrupper, Kladruber und Berber.

GANGPFERDE

Zu den Gangpferden zählen Pferde, die außer den allgemein bekannten Gangarten Schritt, Trab und Galopp zusätzlich noch Tölt und Rennpass gehen. Die wichtigsten Gangpferde sind: Islandpferd, American Saddle Horse, Mangalarga Marchador, Missouri Foxtrotter, Paso Fino, Paso Peruano, Tennessee Walker.

WESTERNPFERDE

Zu den Westernpferden gehören die ursprünglich aus Nordamerika kommenden Quarter Horses, Apaloosas und Paint Horses sowie die Morgan Horses und die Criollos.

DAS DEUTSCHE WARMBLUT UND SEINE ZUCHTGEBIETE

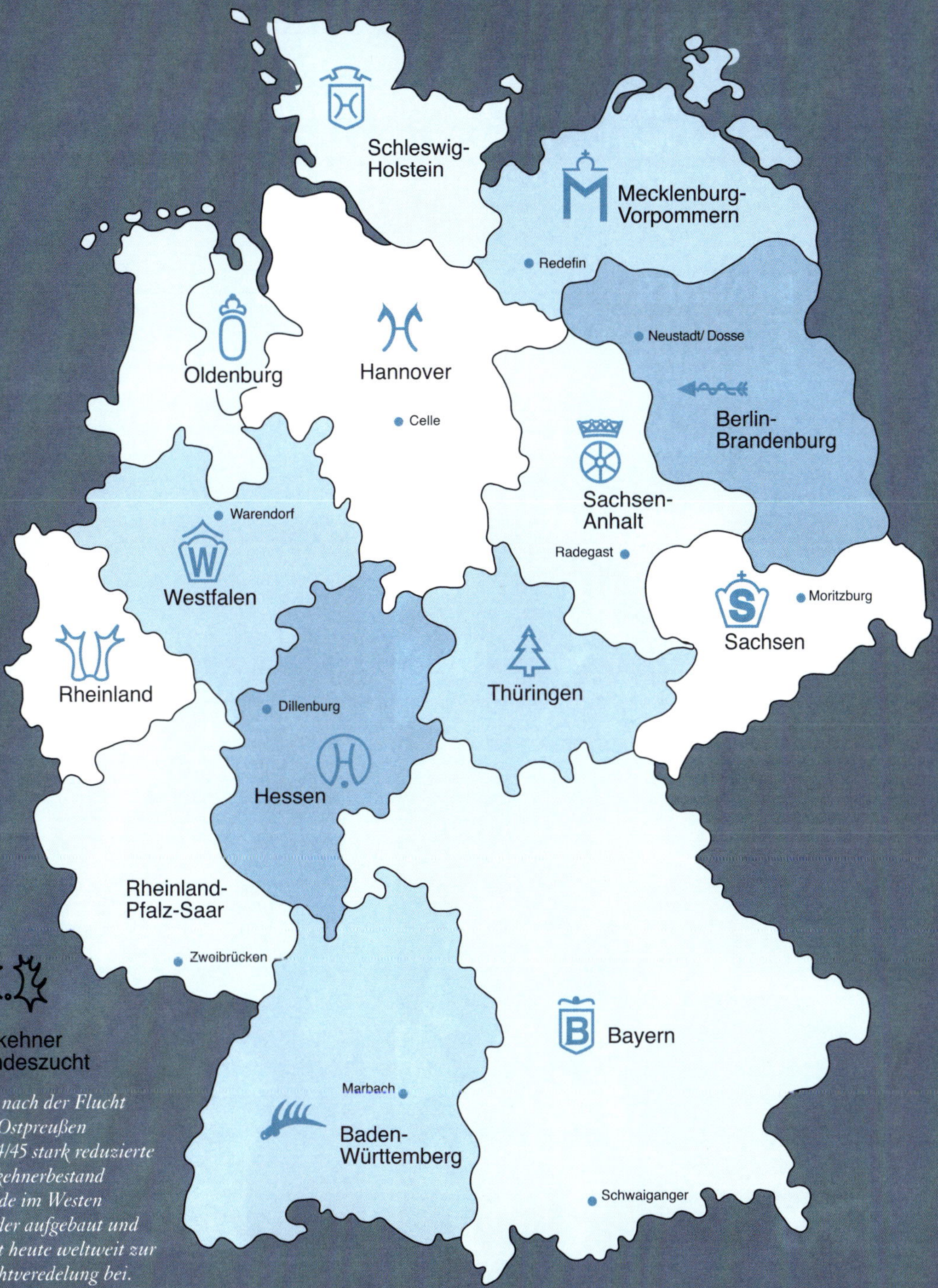

Trakehner Bundeszucht

Der nach der Flucht aus Ostpreußen 1944/45 stark reduzierte Trakehnerbestand wurde im Westen wieder aufgebaut und trägt heute weltweit zur Zuchtveredelung bei.

FARBEN

Pferde werden nach ihrer Haarfarbe in Braune, Füchse, Rappen, Schimmel, Isabellen, Falben, Schecken und Tigerschecken unterteilt. Die Farbnuancen sind bei einigen Rassen jedoch viel größer.

BRAUNER

Er hat bei braunem Deckhaar (Fell) schwarzes Langhaar (Mähne und Schweif). Braune gibt es in den Farbabstufungen licht- oder hellbraun, braun, dunkelbraun und schwarzbraun.

FUCHS

Beim Fuchs haben Deck- und Langhaar dieselbe Farbe. Die Fellfarbe kann hellbräunlich gelb, braun, rotbraun bis dunkel rotbraun sein.

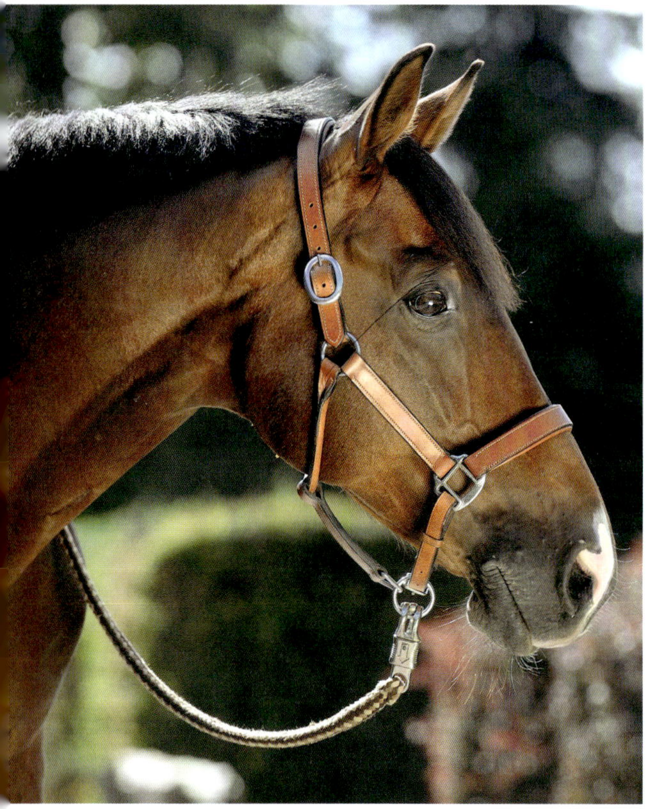

Brauner

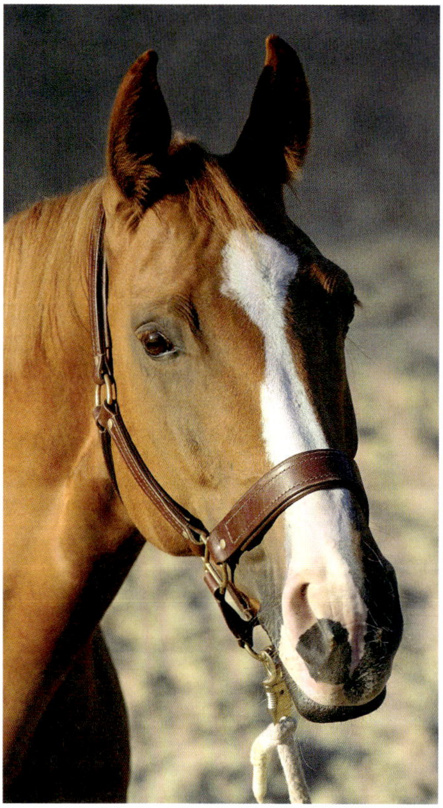

Fuchs

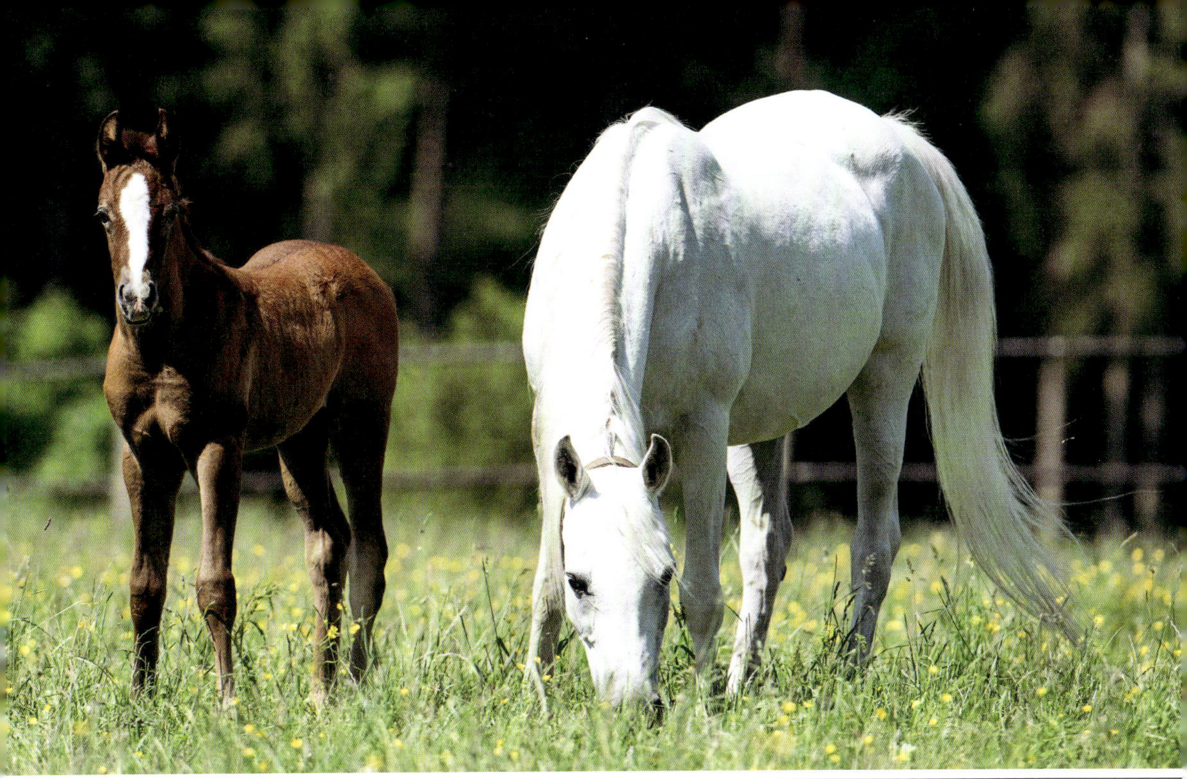

Schimmel werden mit dunkler Fellfärbung geboren und erst im Laufe ihres Lebens heller.

RAPPE

Er hat schwarzes Deckhaar und schwarzes Langhaar. Beim sogenannten Sommerrappen wird das Fell im Winter bräunlich.

STICHELHAARIG

Braune, Füchse und Rappen, in deren Fell, oft besonders an Kopf, Schweifwurzel und Gliedmaßen, einzeln stehende weiße Haare eingestreut sind, nennt man stichelhaarig.

SCHIMMEL

Er hat weißes Langhaar und weißes Deckhaar. Schimmel werden, im Gegensatz zum Albino, dunkel geboren, färben sich erst allmählich heller und werden oft erst nach zehn Jahren weiß. Daneben gibt es Schimmel mit anderen Farbzusätzen im Fell. Je nach Form und Farbe der Zusätze sprechen wir von Grau-, Braun-, Fliegen-, Apfel-, Schwarz- und Rotschimmeln.

ISABELLE

Pferde mit gelblich cremefarbenem bis dunkelgelbem Deckhaar und gleichfarbigem oder hellerem Langhaar heißen Isabellen.

FALBE

Diese Pferde haben gelbliches, cremefarbenes bis hellbraunes Deckhaar, schwarzes Langhaar und einen Aalstrich auf dem Rücken wie z. B. Fjordpferde und Dülmener Wildpferde.

SCHECKE

Schecken sind durch mehr oder weniger große, unregelmäßig geformte Flecken im Fell gekennzeichnet, die alle möglichen Farben haben können. Pferde, die bei dunkler Grundfärbung am ganzen Körper etwa handflächengroße oder kleinere, runde oder ovale, weiße oder bei heller Grundfärbung andersfarbige Flecken haben, nennt man Tigerschecken.

ABZEICHEN

Einzelne angeborene, weiße Stellen verschiedener Größe und Form an Kopf, Körper und Gliedmaßen des Pferdes nennt man Abzeichen. Sie kommen in vielfältigen Formen vor, tragen zur individuellen Charakterisierung des Pferdes bei.

Abzeichen sind unveränderliche Kennzeichen eines Pferdes, die es seit seiner Geburt trägt. Manche Abzeichen können sehr hübsch aussehen, allerdings gibt es auch Formen, die wenig beliebt sind. So kann eine große, unregelmäßige, schiefe Blesse den Pferdekopf etwas unförmig wirken lassen. Einseitige Abzeichen an den Beinen, z. B. ein weißer Fuß an nur einem Hinter- oder Vorderbein bzw. ein hochweißer Fuß am rechten und ein halbweißer Fuß am linken Bein, erwecken leicht den Eindruck, dass ein Pferd ungleich geht, und sind deshalb bei Dressurpferden nicht sehr erwünscht. Da die Abzeichen zu den Identifikationsmerkmalen des Pferdes gehören, ist ein Ausgleich der Unregelmäßigkeiten durch Färben nicht zulässig. Auf die Eignung und Qualität des Pferdes hat auch ein „hässliches“ Abzeichen natürlich keinerlei Auswirkung!

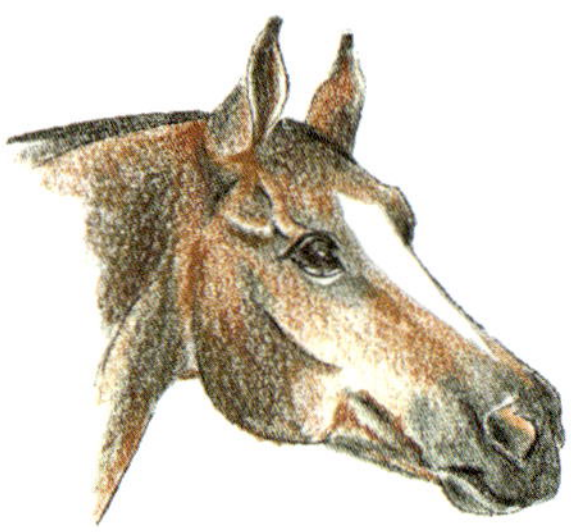

breite Blesse

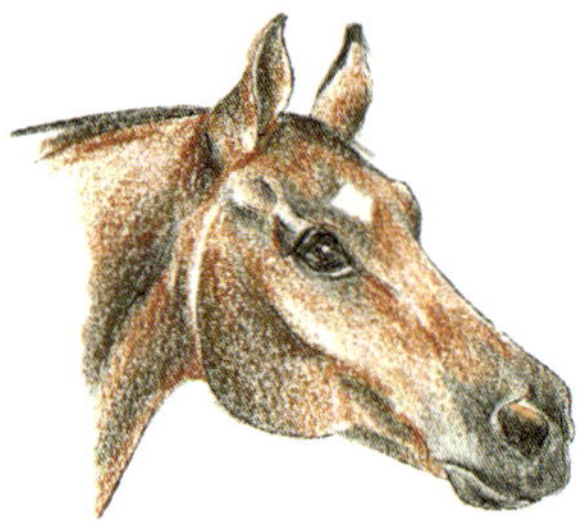

Stern

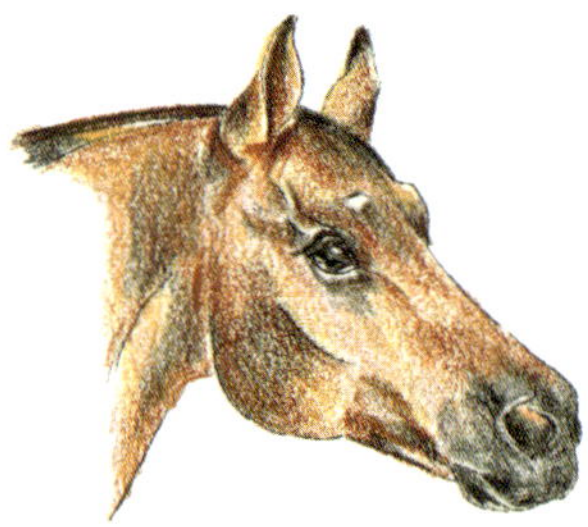

Flocke

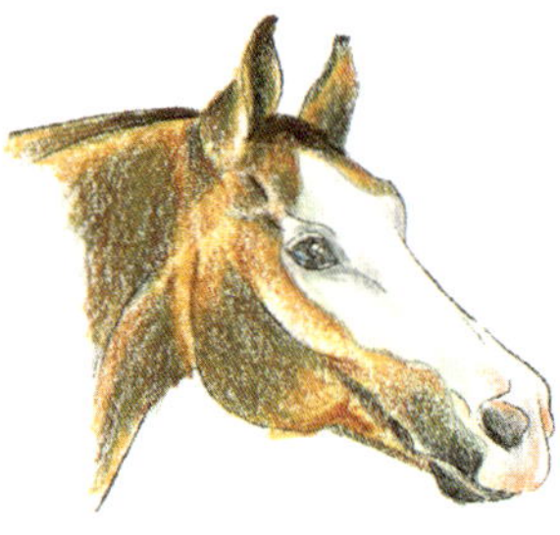

Laterne

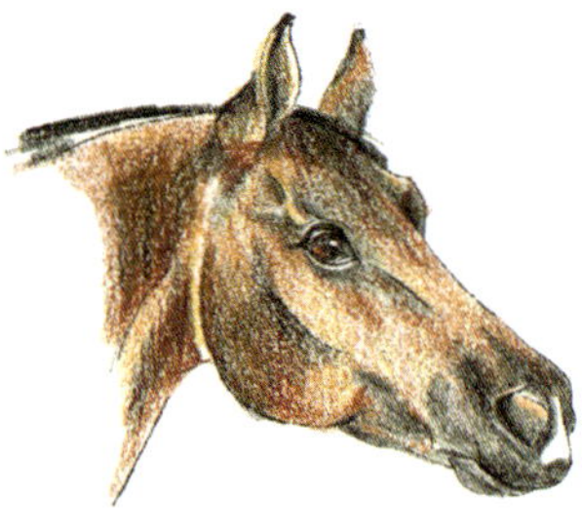

Schnippe

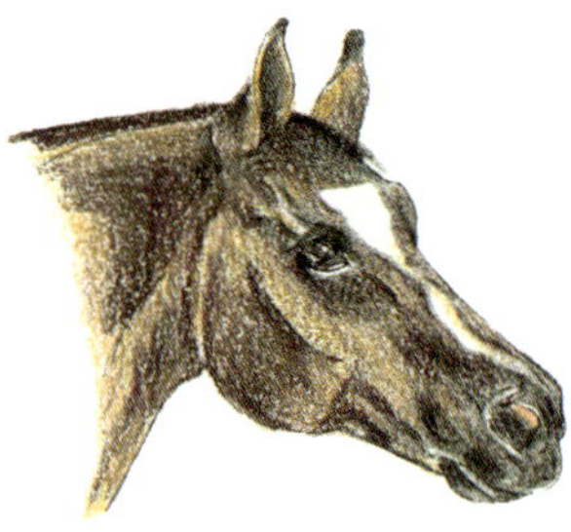

unregelmäßige Blesse

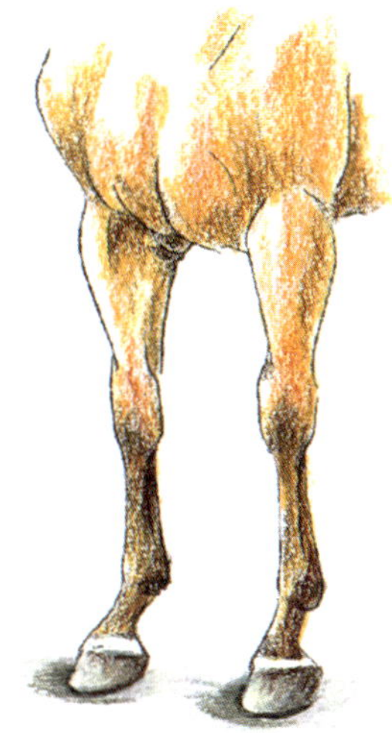

weiße Krone

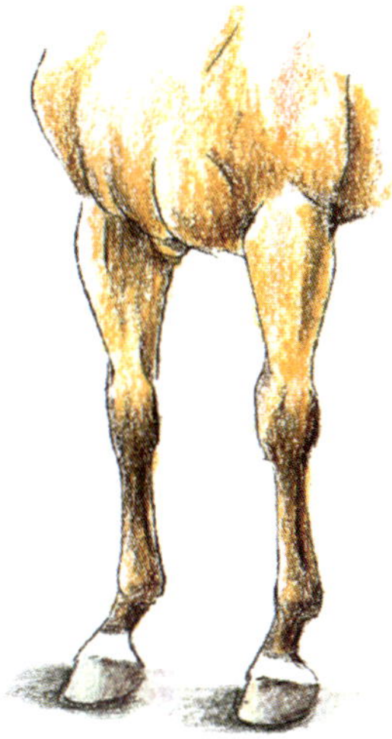

halbweiße Fessel

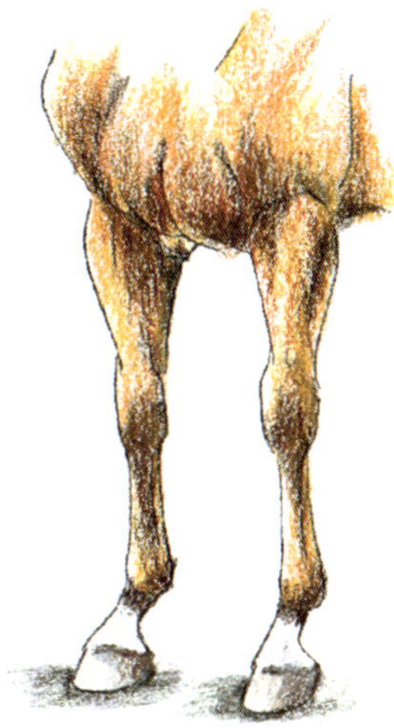

weiße Fessel

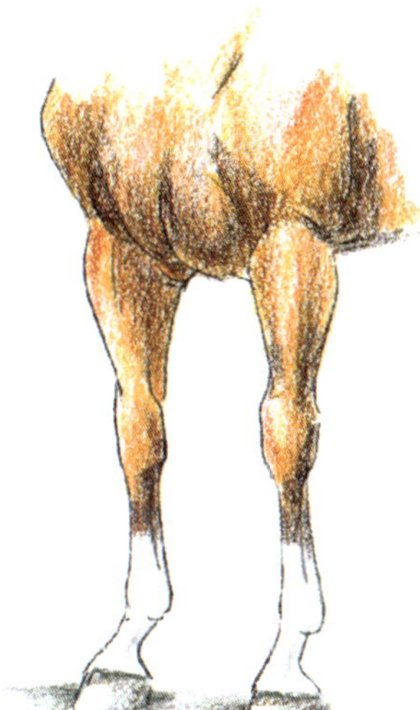

halbweißer Fuß

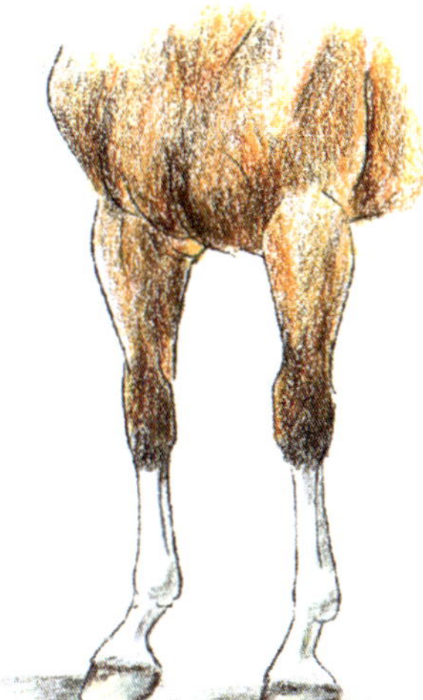

weißer Fuß

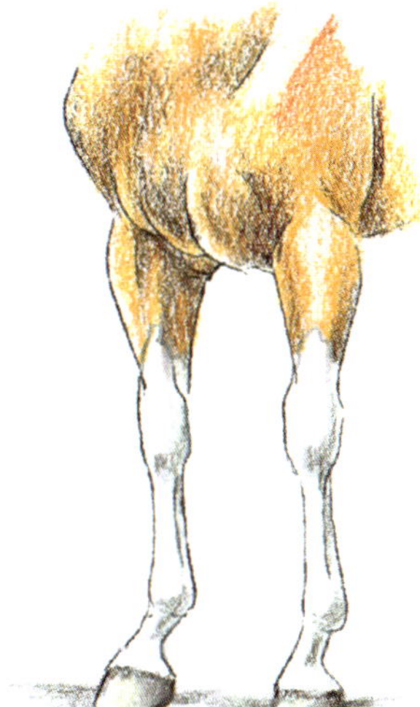

hochweißer Fuß

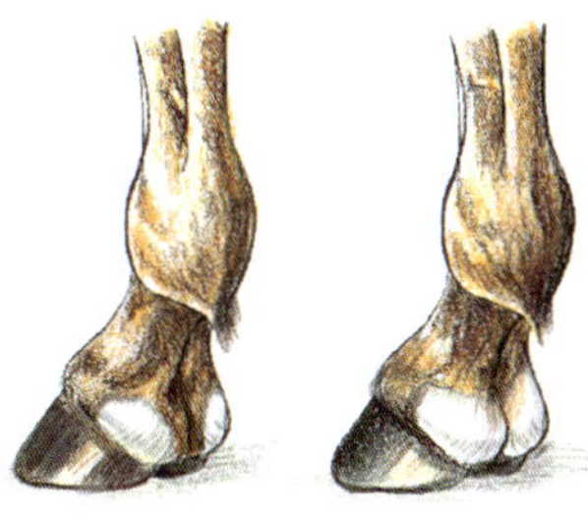

weißer Ballen

KÖRPERTEILE KENNEN UND BENENNEN

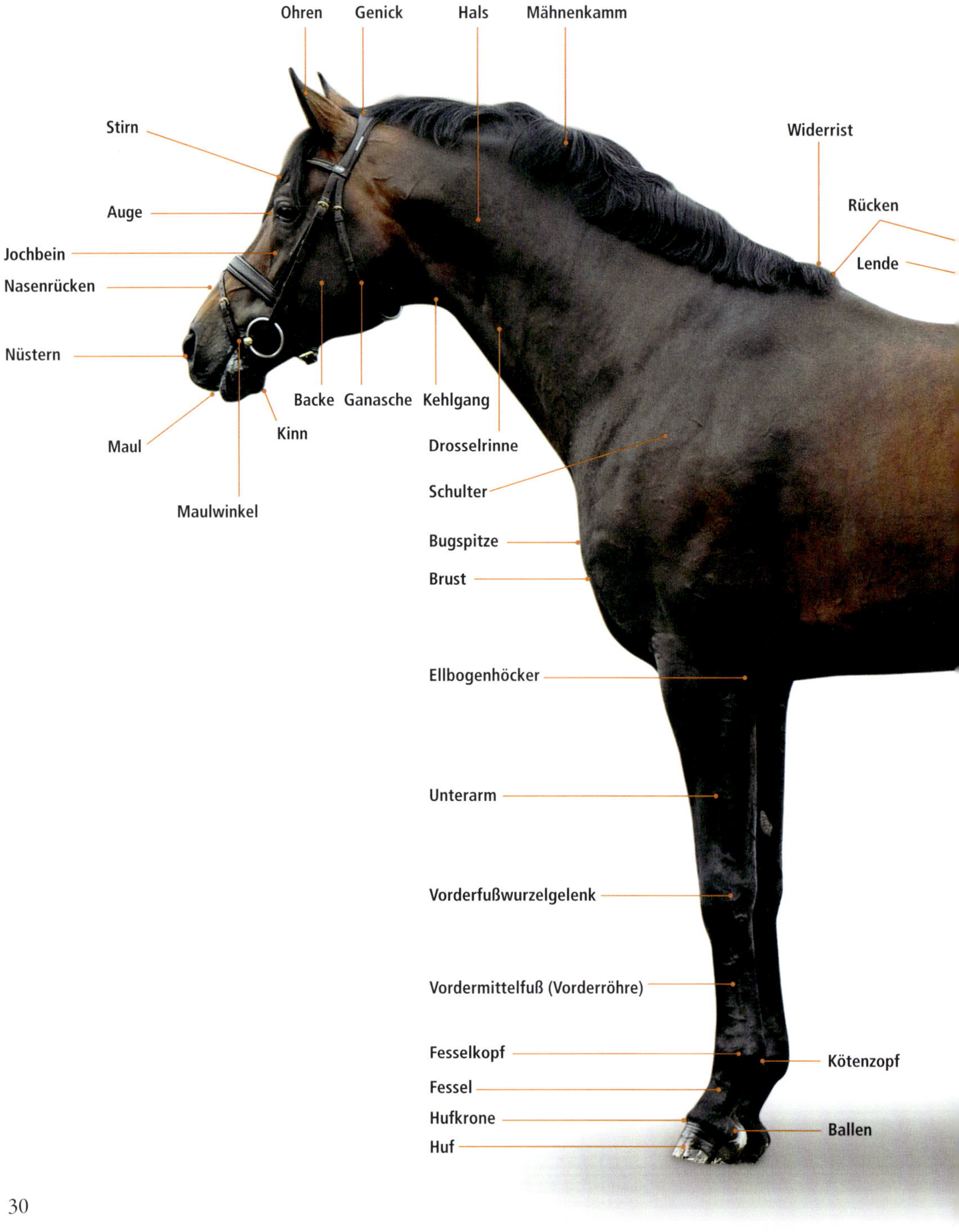

So wünscht man sich das Exterieur des Reitpferdes: die Größe des Kopfes in Relation zu den anderen Körperteilen – weder zu groß noch zu schwer, eine gute Ganaschenfreiheit, eine Oberhalslinie, die länger ist als die des Unterhalses, ein ausgeprägter, langer Widerrist, eine lange, schräge Schulter und eine breite, tiefe Brust, der Rücken von mittlerer Länge mit leichter Senkung in der Sattellage und sachtem Übergang zur Nierenpartie, die harmonisch in die Kruppe verstreicht. Die Beine klar und fest, wobei der Unterarm möglichst länger als die Vorderröhre, der Unterschenkel länger als die Hinterröhre ist.

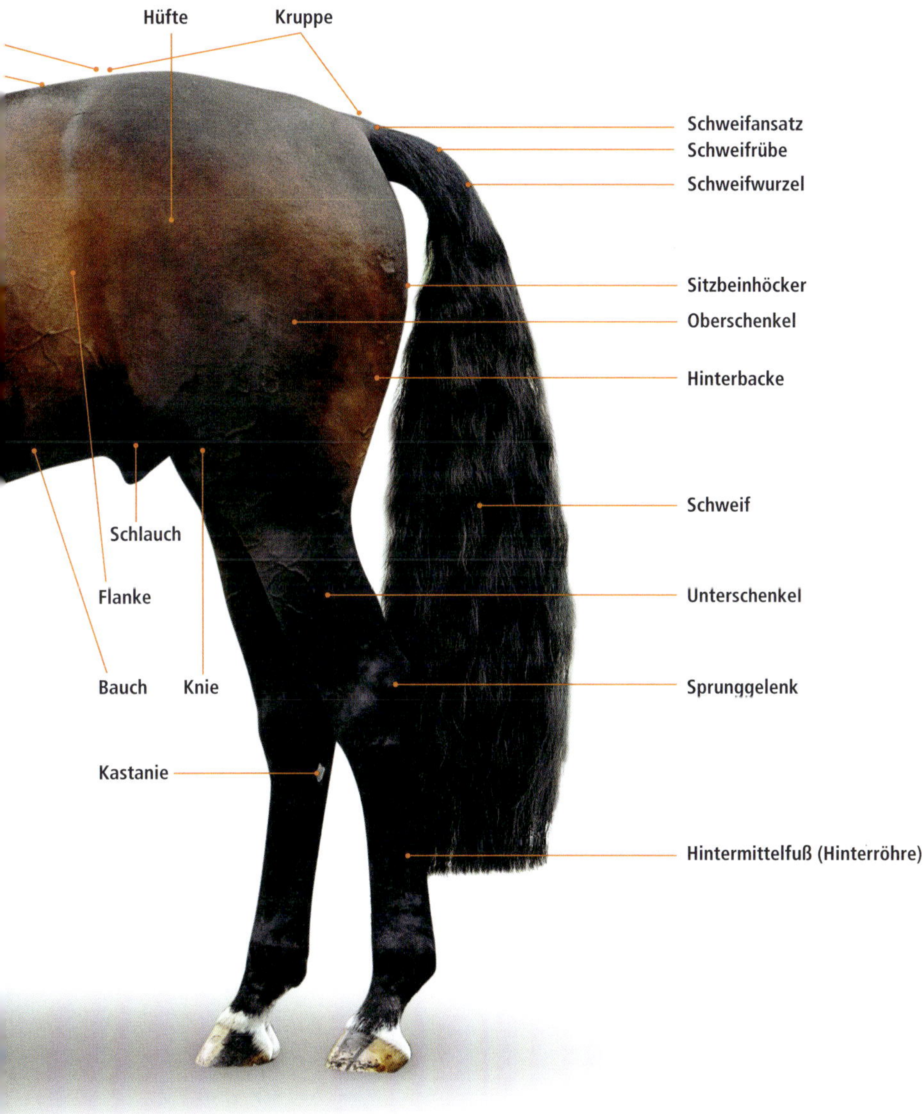

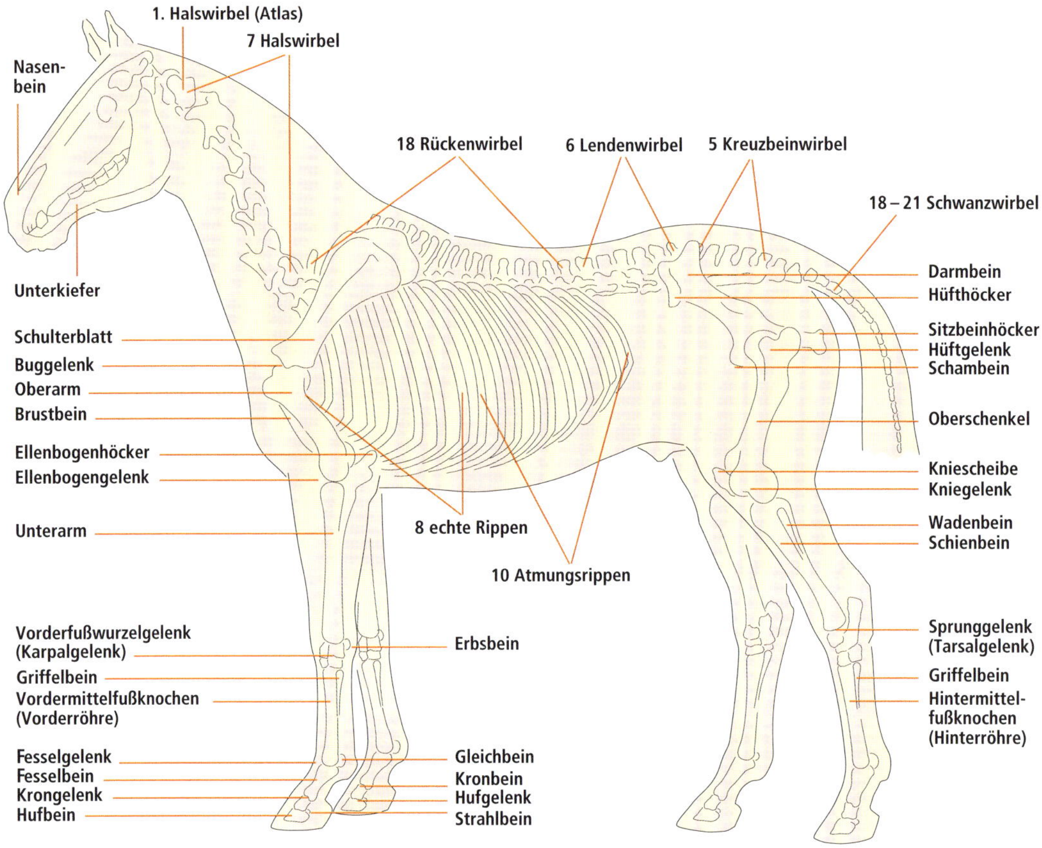

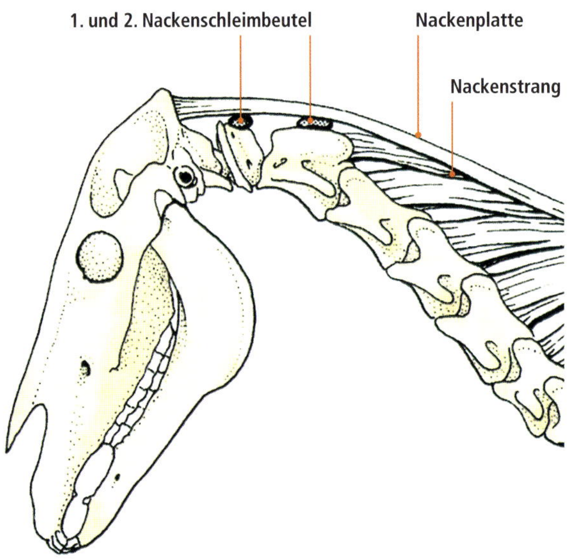

Obere Verspannung mit Nackenband

KNOCHENBAU DES PFERDES

Das Skelett besteht aus ungefähr 205 Knochen, verteilt auf das Axial- und das appendikuläre Skelett. Das Pferd hat acht „echte" und zehn „falsche" oder Atmungsrippen. Die „echten" Rippen setzen oben an der Wirbelsäule an und sind unten fest mit dem Brustbein verbunden. Die Atmungsrippen haben ihren Ansatzpunkt zwar auch an der Wirbelsäule, sind jedoch am unteren Ende nur knorpelig miteinander verbunden und haben keine knöcherne Verbindung zum Brustbein, deshalb werden sie „falsche" Rippen genannt. Sie stabilisieren den Brustkorb, schützen die inneren Organe, vor allem die Lunge, und gewährleisten eine ausreichende Flexibilität für die Atmung.

DER HUF

Der Huf besteht aus Horn, wobei das Horn des Strahls weicher ist als das des äußeren Bereichs. Der Huf ist in sich beweglich, elastisch: Beim Aufsetzen geht er etwas auseinander, beim Abheben zieht er sich zusammen. Zehenmittel- und Zehenendgelenk (Kron- und Hufgelenk) sind Sattelgelenke, die außer ihrer Wechselbewegung auch Dreh- und Seitwärtsbewegungen ermöglichen. Ein komplizierter Bandapparat verbindet Fesselbein, Hufbein, Strahlbein und Hufknorpel miteinander. Von der Krone, vom Saum aus wächst der Hornschuh nach unten. Dessen unterer Rand, der den Boden berührt, heißt Tragrand. Er geht über die sogenannte weiße Linie nach innen in den Huf, die Sohle, über, die leicht nach oben gewölbt sein sollte; ist sie zu flach, vermindert sie die Elastizität des Hufmechanismus. Der Strahl ist ein zähes, elastisches, keilförmiges Hornkissen, das den Raum zwischen den beiden Eckstreben ausfüllt. Er sollte gut ausgebildet sein, seine Sohle leicht gewölbt, seine Trachten von mittlerer Länge, weder zu steil noch zu flach. Gesunde Hufe sind neben einem gesunden Bewegungsapparat für die Leistungsfähigkeit des Pferdes entscheidend wichtig. Um ihre Festigkeit und Elastizität zu erhalten und sie sowohl vor dem Austrocknen als auch vor Fäulnis zu schützen, sind regelmäßige Pflege und sachgerechte Behandlung durch einen qualifizierten Schmied oder Hufpfleger unerlässlich. Huffett wird nur auf feuchte, gründlich gesäuberte Hufe, Hufteer auf die Hufunterseite aufgetragen, um gegen Fäulnis vorzubeugen. Bei gesunden Hufen und falls nicht auf hartem Boden geritten wird, ist es zu empfehlen, das Pferd immer wieder „barfuß“, also ohne Eisen, gehen zu lassen.

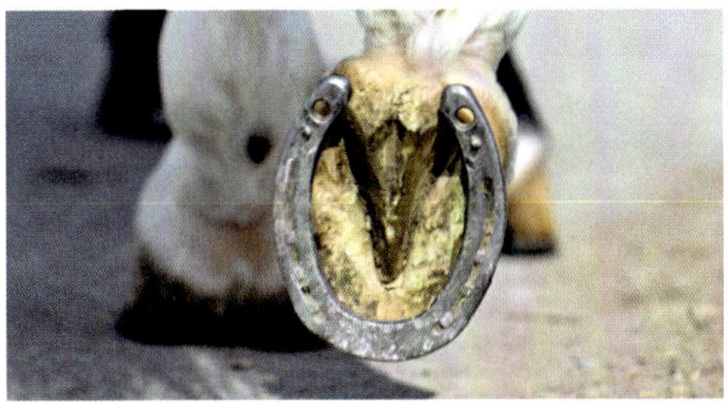

Der gesunde Strahl versorgt als Blutpumpe den Huf mit wichtigen Nährstoffen.

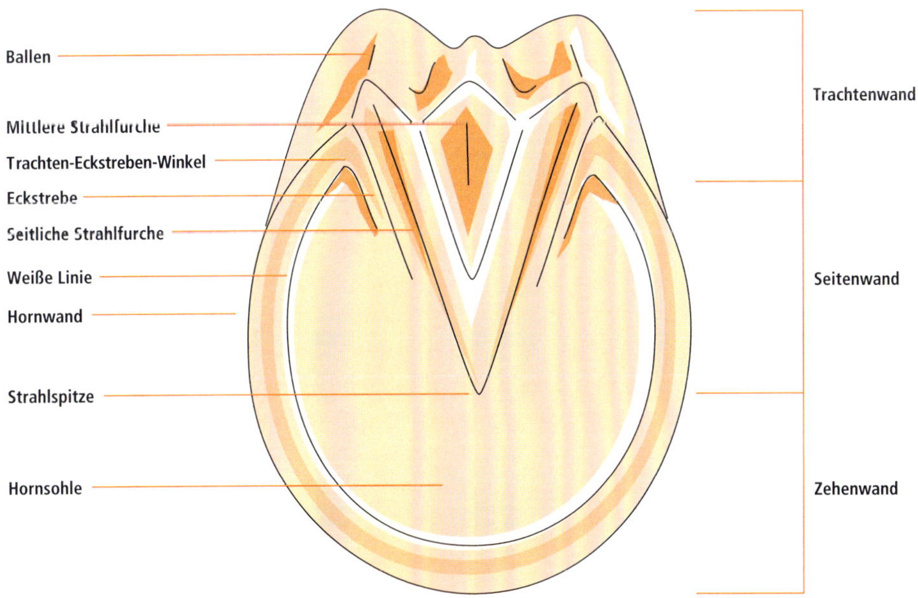

☞ WISSENS-CHECK **FARBEN UND RASSEN**

?	**Welches sind die wichtigsten Bezeichnungen von Pferden nach ihrer Fellfarbe?**	✓	Man unterscheidet Schimmel (weiß), Rappen (schwarz), Braune und Füchse.
?	**Was ist der Unterschied zwischen einem Braunen und einem Fuchs?**	✓	Ein Brauner hat braunes Deckhaar (Fell) und schwarzes Langhaar (Mähne und Schweif), beim Fuchs haben Deck- und Langhaar dieselbe Farbe.
?	**Welche Farbabstufungen gibt es bei Braunen?**	✓	Licht- oder Hellbraune, Braune, Dunkelbraune und Schwarzbraune
?	**Welche Farbabstufungen können Füchse haben?**	✓	Hellbräunlichgelb bis dunkelrotbraun
?	**Was ist ein Sommerrappe?**	✓	Ein Rappe, dessen Fell im Winter bräunlich wird
?	**Welche verschiedenen Schimmelarten gibt es und wie unterscheidet man sie?**	✓	Schimmel können andere Farbzusätze im Fell haben. Je nach Form und Farbe der dunkleren Zusätze spricht man von Grau-, Braun-, Fliegen-, Apfel-, Schwarz- oder Rotschimmeln.
?	**Was ist stichelhaarig?**	✓	Ein Pferd, das in seinem Fell – besonders an Kopf, Schweifwurzel und Beinen – einzeln stehende weiße Haare hat, wird stichelhaarig genannt.
?	**Was ist ein Schecke?**	✓	Ein Pferd mit mehr oder weniger großen, unregelmäßig geformten Flecken im Fell, die alle möglichen Farben haben können.
?	**Welche Pferderassen gibt es?**	✓	Vollblüter, Warmblüter, Kaltblüter und Ponys
?	**Bis zu welcher Größe sprechen wir von einem Pony?**	✓	Bis zu einem Stockmaß von 1,48 m

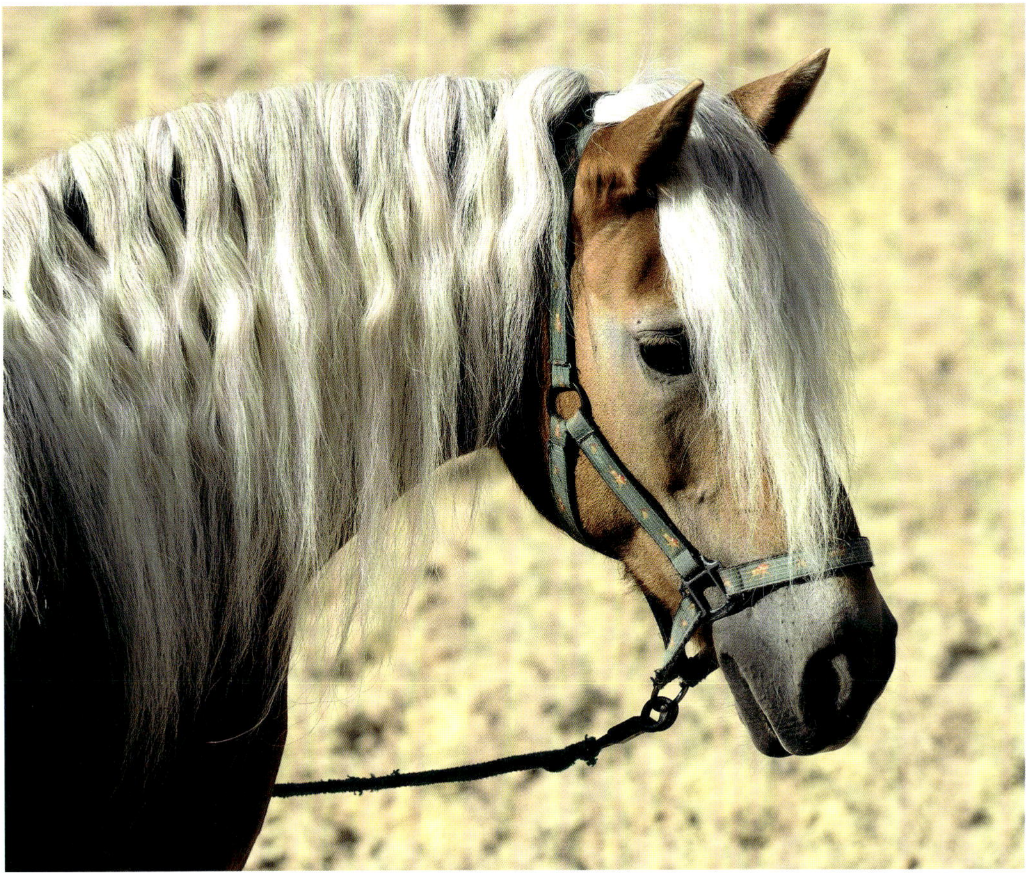

Ein typisches Kennzeichen der Haflinger ist die lange, helle Mähne.

? **Was ist ein Stockmaß?**

✓ Beim Stockmaß wird die Größe des Pferdes mit einem Meterstab senkrecht vom Boden bis zum Widerrist gemessen. Daneben gibt es das Bandmaß, bei dem am Widerrist ein Band angelegt und über die Schulter zum Boden geführt wird. Diese Methode ist ungenauer und deshalb weniger üblich.

? **Welches sind die bekanntesten Ponyrassen?**

✓ Norwegische Fjordpferde, Haflinger, Dülmener Wildpferde, Connemara-, Island-, Shetland-, Welshponys und Deutsche Reitponys

? **Kannst du einige deutsche Zuchtgebiete für Warmblüter nennen?**

✓ Baden-Württemberg, Bayern, Hannover, Mecklenburg-Vorpommern, Oldenburg, Rheinland, Sachsen, Sachsen-Anhalt, Schleswig-Holstein, Thüringen, Trakehner Bundeszucht, Westfalen

UMGANG MIT PFERDEN
— *klare Signale erwünscht*

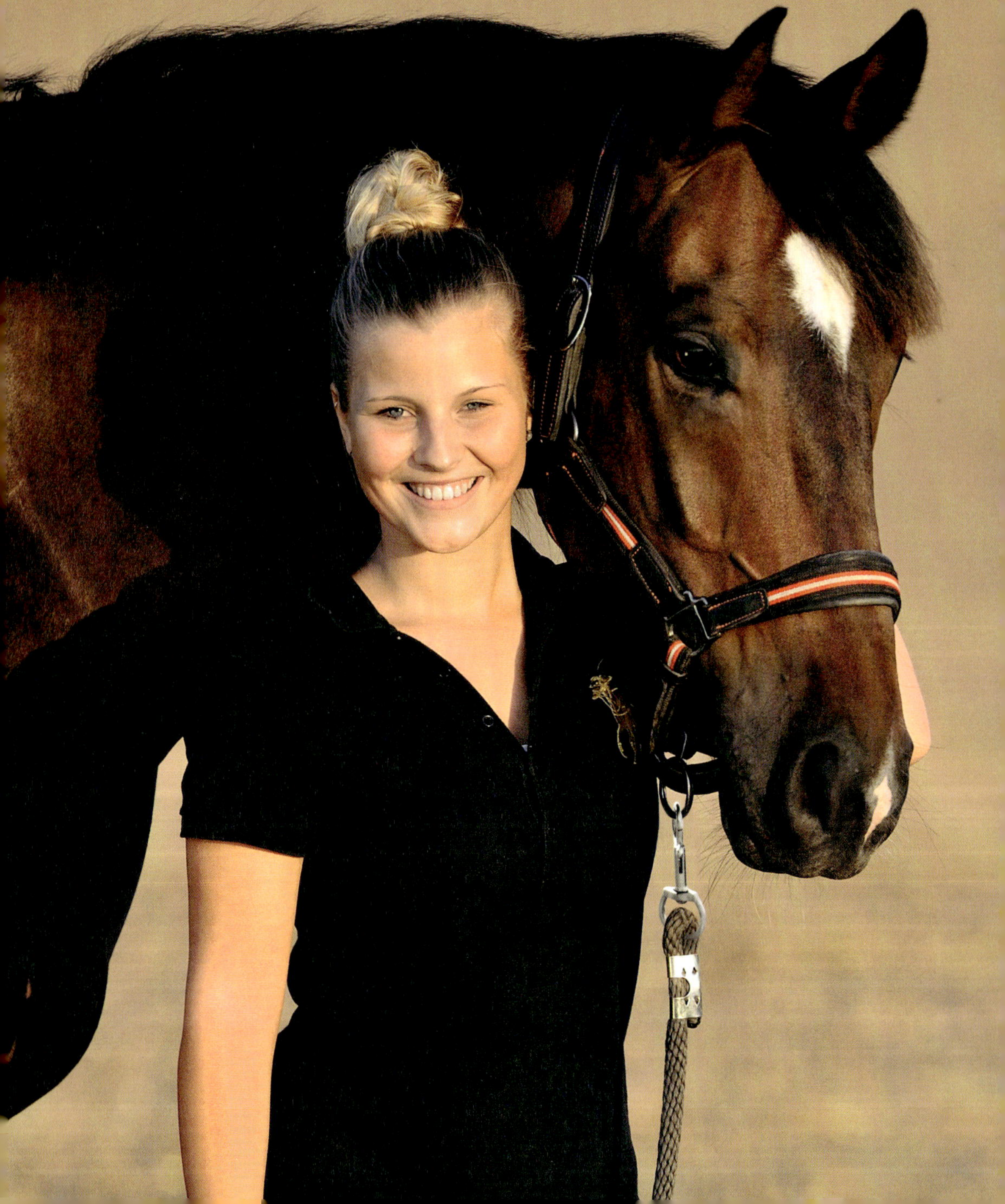

WAS BRAUCHT DAS PFERD?

Außer einem ruhigen, behutsamen, aber bestimmten Auftreten sind bei allen Tätigkeiten am Pferd intensiv eingeübte, sichere und sachgerechte Handgriffe sehr wichtig, um dem Pferd Sicherheit zu vermitteln.

Unnötig langes, ungeschicktes oder gar hektisches Herumhantieren kann das bravste Pferd irritieren, nervös machen und gefährliche Reaktionen provozieren. Im schlimmsten Fall führt dies zu einer Umkehrung der Rangfolge Mensch-Tier und kann dann auch gefährlich werden.

Tätigkeiten wie das Herantreten ans Pferd, das Anlegen des Halfters, das Führen, das Anbinden, das Putzen des Pferdes usw. müssen daher gründlich erlernt und absolut sicher beherrscht werden. Am besten schaut man sich die Körpersprache und Handgriffe bei erfahrenen Reitern an.

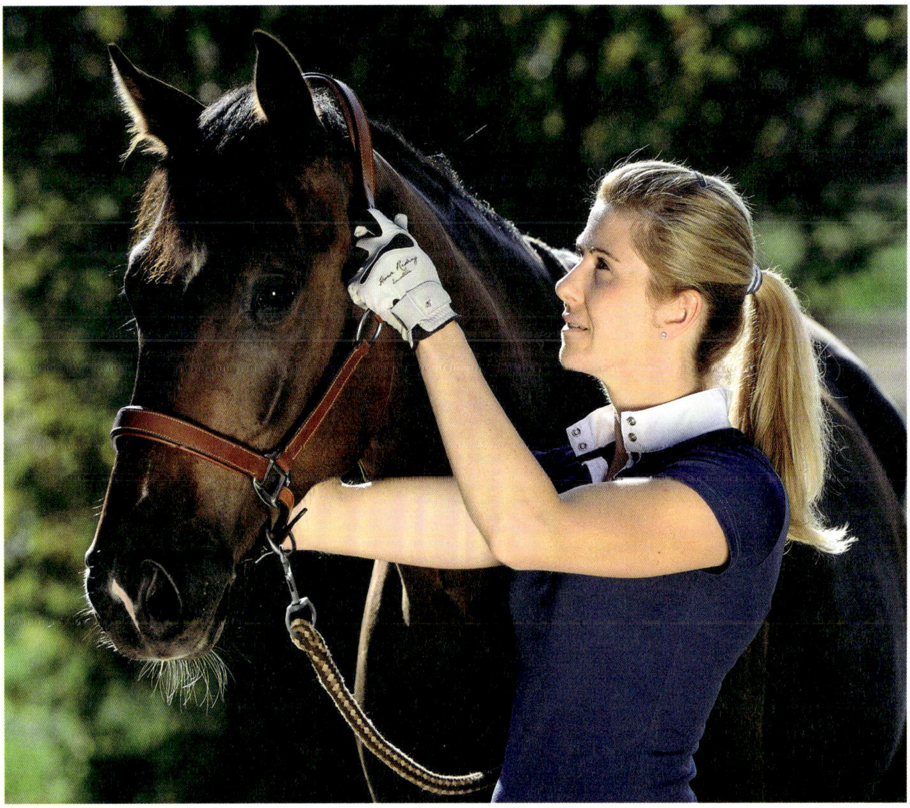

Ruhe, Behutsamkeit und Umsicht schaffen Vertrauen.

Der Umgang der Betreuer mit dem Pferd gibt wichtige Hinweise nicht nur auf die Atmosphäre im Reitstall, sondern vor allem auch auf Haltung und Behandlung der Pferde. Wenn beim Führen oder Putzen Ruhe, Behutsamkeit und Umsicht herrschen, der Ton bestimmt, aber freundlich ist, braucht man keine Bedenken zu haben. Herumschreien oder gar Grobheiten sollten jeden warnen: Dieser Stall ist nichts für mich und mein Pferd.

SO NÄHERT MAN SICH EINEM PFERD

Besonders bei fremden Pferden sollte man vorsichtig sein und genau auf ihre Verhaltensmerkmale achten. Bevor du an das Pferd herantrittst, sprichst du es ruhig, aber gut vernehmbar, am besten mit seinem Namen an, damit es auf dich aufmerksam wird und nicht erschrickt. An das angebundene Pferd tritt man immer von der Seite in Schulterhöhe heran, dem in der Box stehenden Pferd gewöhnt man an, zur Tür zu kommen, sobald diese geöffnet wird. Pferde sind neugierig, daher kommen sie meist von sich aus. Wenn nicht, kann ein Leckerbissen hilfreich sein.
Auf der Weide nähert man sich dem Pferd von vorn-seitwärts, spricht dabei mit ihm und lockt es mit einem Leckerbissen an – aber nur, wenn es allein auf der Weide ist! Bei Anwesenheit anderer Pferde kann es leicht zu einer Rauferei kommen.
Direkt hinter dem Pferd befindet man sich in einem toten Winkel. Auf keinen Fall darf man deshalb an ein Pferd unmittelbar von hinten herantreten, weil es erschrecken und reflexartig ausschlagen könnte. Auch Pferde, die sich auf der Weide in freundlicher Absicht einander nähern, tun dies von vorn-seitwärts.

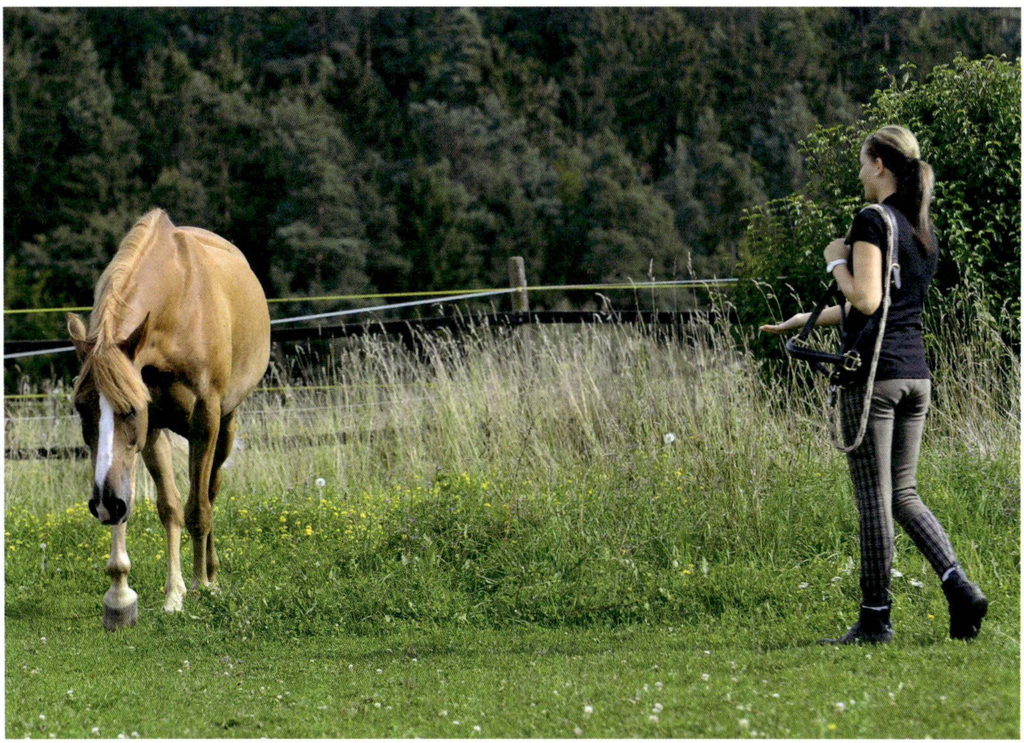

Wenn Du dich dem Pferd von schräg vorne näherst, kann es Dich am besten erkennen.

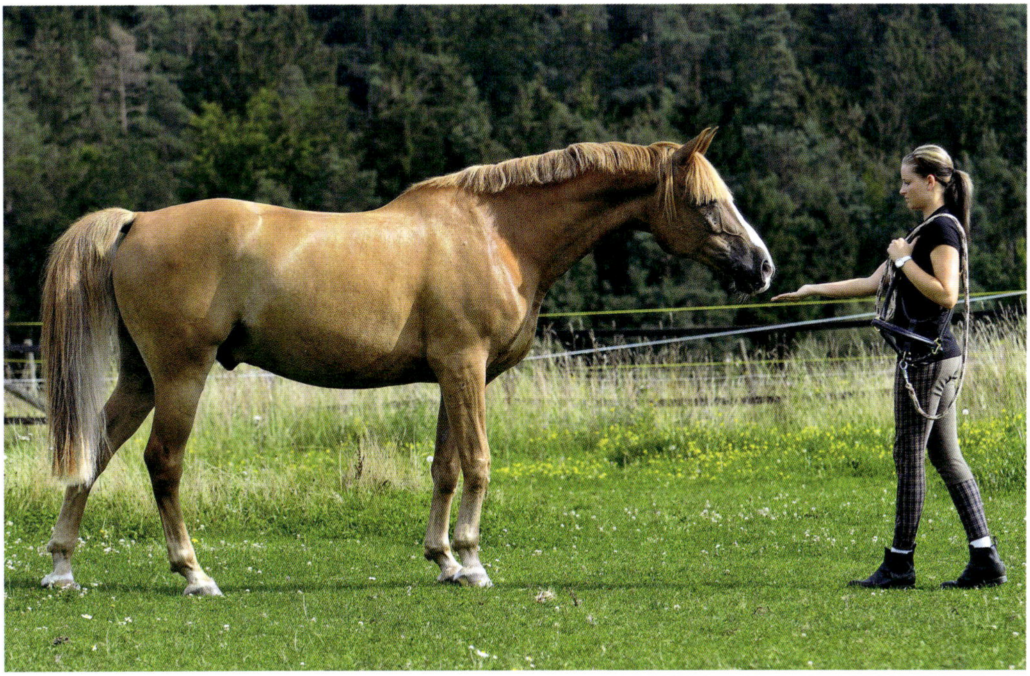

Wenn Du von vorne auf ein Pferd zugehst, sprich es an und sorge dafür, dass es Dich wahrnimmt.

WISSENS-CHECK **ANNÄHERUNG**

?	**Was ist vor dem Herantreten an ein Pferd zu beachten?**	✓	Ich spreche es vorher ruhig, aber gut vernehmbar, am besten mit seinem Namen an.
?	**Warum ist das Ansprechen wichtig?**	✓	Ich mache das Pferd dadurch auf mich aufmerksam, damit es nicht erschrickt und eventuell ausschlägt.
?	**Von wo trittst du an das Pferd heran und warum?**	✓	Immer vorn von der Seite, damit es mich sehen kann.
?	**Von wo darf man nie an ein Pferd herantreten?**	✓	Von hinten. Es könnte erschrecken und ausschlagen.
?	**Wie näherst du dich einem Pferd, das in der Box steht?**	✓	Ich gewöhne ihm an, zur Tür zu kommen, sobald ich diese öffne und es anspreche.
?	**Wie gewöhnst du einem Pferd an, zur Boxentür zu kommen?**	✓	Indem ich es anspreche und ihm eventuell einen Leckerbissen anbiete.

001 DAS ANLEGEN DES HALFTERS

Vor dem Führen ist zuerst das Halfter anzulegen. Es ist wichtig, dass man die einzelnen Handgriffe für das Anlegen des Halfters sicher und geschickt beherrscht, damit das Pferd nicht ungeduldig und unruhig wird.

WELCHES HALFTER WÄHLEN?
Die genaue Bezeichnung ist Stallhalfter, um den Unterschied zum Reithalfter zu kennzeichnen. Halfter gibt es in verschiedenen Ausführungen, Preisklassen und Materialien, aus Kunstfasern, Baumwolle oder Leder. Wie bei allen Ausrüstungsgegenständen gilt auch hier der Grundsatz: Keine Billigware verwenden! Das Halfter muss vor allem stabil sein und darf keine (billig gestanzten) scharfen Kanten an den Metallteilen aufweisen. Schön und stabil sind Lederhalfter.

Zuerst wird das Halfter geordnet, dabei sieht man nach, ob es am Nacken- oder am Kehlriemen geschlossen wird, damit das Anlegen schnell und problemlos vonstatten gehen kann. Man tritt von der linken Seite an das Pferd heran und stellt sich neben den Hals, dicht hinter den Pferdekopf. Wenn das Pferd sich nicht umdrehen will, spricht man es an und lockt es mit einem Leckerbissen. Dann legt man die rechte Hand auf den Nasenrücken, die linke schiebt den Nasenriemen darüber. Wenn das Nackenstück geschlossen ist, wird es behutsam über die Ohren gestreift. Beim verschnallbaren Nackenriemen wird

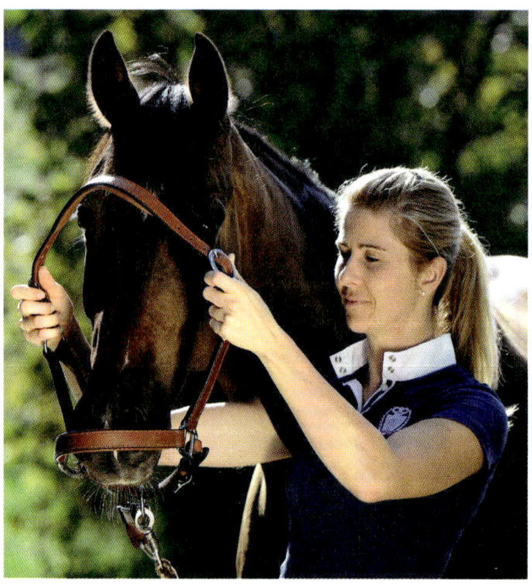

Zum Anlegen des Halfters stellt man sich neben den Hals, dicht hinter den Pferdekopf.

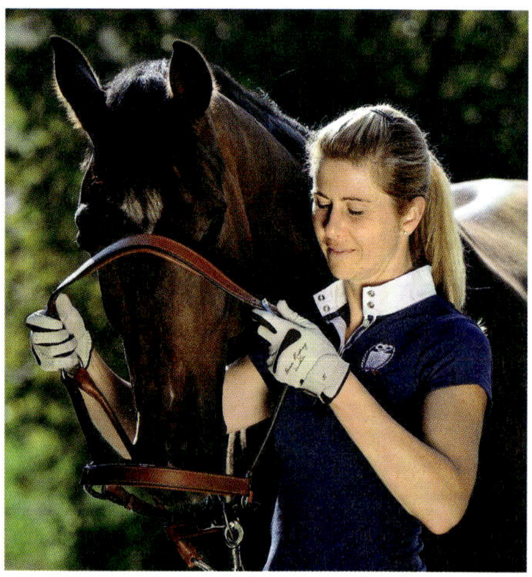

Bei einem korrekt verschnallten Nasenriemen kann das Pferd problemlos ins Halfter einsteigen.

☞ WISSENS-CHECK **HALFTERN**

?	**Was ist vor dem Anlegen des Halfters zu beachten?**	✓	Ich ordne das Halfter. Dann trete ich vorn von der linken Seite an das Pferd heran und stelle mich neben den Hals, dicht hinter den Pferdekopf.
?	**Wie legt man das Halfter an?**	✓	Man legt die rechte Hand auf den Nasenrücken, die linke schiebt den Nasenriemen darüber, dann wird das Nackenstück sanft über die Ohren gezogen. Vor dem Schließen des Halfters kontrolliert man, ob alles glatt liegt.
?	**Wie wird das Halfter angepasst, falls es am Nackenriemen verschnallbar ist?**	✓	Der Nasenriemen muss mindestens vier Finger breit über den Nüstern und auf dem harten Teil des Nasenrückens liegen.
?	**Was machst du, wenn sich das Pferd nicht umdrehen will und dir hartnäckig sein Hinterteil zuwendet?**	✓	Ich spreche mit ihm, gehe vorn von der Seite auf es zu und locke es mit einem Leckerbissen.

dieser in der passenden Länge zugeschnallt. Vor dem Schließen des Halfters kontrolliert man, ob alles glatt liegt. Falls das Halfter am Nackenriemen verschnallbar ist, muss es so angepasst werden, dass der Nasenriemen mindestens vier Finger breit über den Nüstern und auf dem harten Bereich des Nasenrückens liegt. Um das Pferd sicher führen zu können, muss am Halfter ein stabiler Führstrick mit Karabinerhaken befestigt sein.

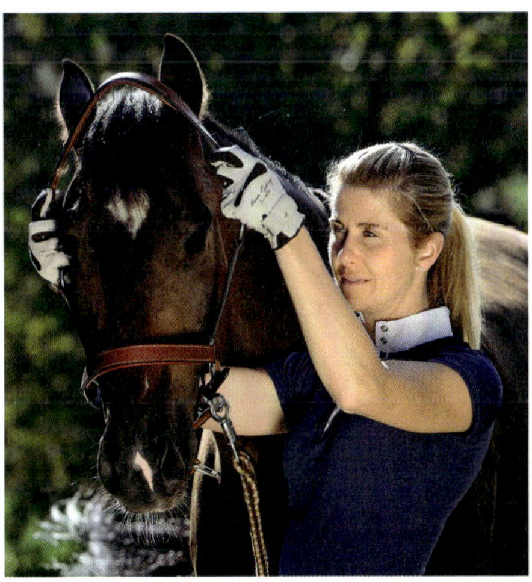

Schließlich kann man das Nackenstück sanft über die Ohren streifen.

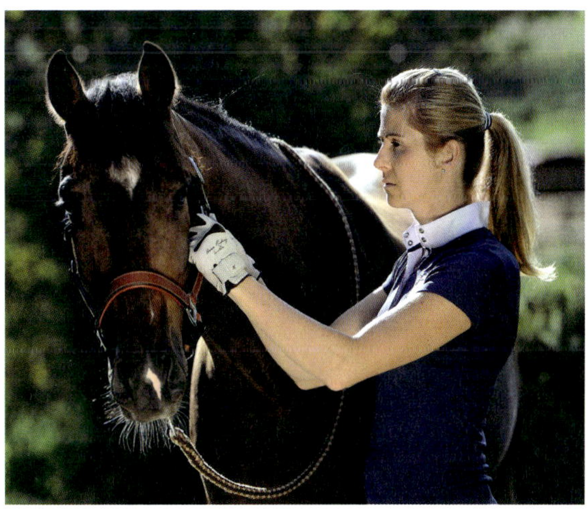

Nach Schließen des Kehlriemens sitzt das Halfter richtig und vor allem auch sicher.

002 RICHTIG FÜHREN

Die Grundlage sicheren Führens ist eine gute Erziehung des Pferdes sowie Vertrauen zum Menschen am anderen Ende des Führseils. Beides braucht Zeit und Übung.

HANDGRIFFE UND RICHTIGES VERHALTEN

Beim Führen ist beides für den sicheren, gefahrlosen Umgang mit Pferden wichtig! Wenn das Pferd brav neben dir herläuft, ist alles kein Problem. Probleme kann es beim Passieren anderer Pferde geben, oder wenn du das Pferd nach längerer Zeit wieder auf die Weide führst. Man sollte es immer wieder selbst üben, aber auch nicht davor zurückscheuen, sich in schwierigen Situationen helfen zu lassen.

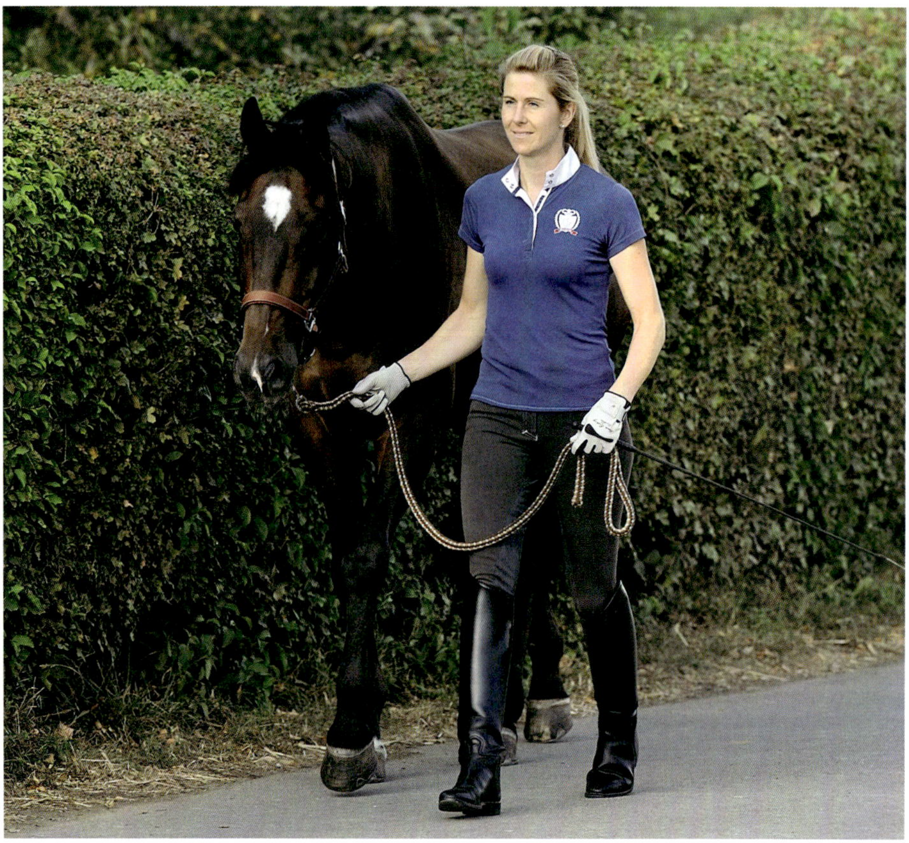

Führen von der linken Seite neben der Pferdeschulter

FÜHREN MIT HALFTER UND STRICK

Geführt wird ein Pferd von links oder zur Übung auch von rechts neben oder etwas vor der Pferdeschulter. Am Halfter führt man das Pferd, indem die zum Pferd weisende Hand den Strick ca. drei Handbreit unterhalb des Hakens fasst, die andere hält das Strickende. Brave Pferde kann man mit etwas längerem Strick und nur mit einer Hand führen.

Beim Führen hinter anderen Pferden ist besonders auf das Einhalten der Sicherheitsabstände von zwei Pferdelängen (ca. 5 m) zu achten. Durch enge Türen, Tore und ähnliche Durchgänge geht man immer voraus und tritt dann zur Seite, um das Pferd vorbeizulassen. Sieh dem Pferd beim Führen nicht in die Augen, da es das als Aufforderung zum Stehenbleiben auffassen könnte. Zudem kann man mit nach vorn gerichtetem Blick auch kleine Hindernisse und Gefahren rechtzeitig erkennen.

Es kann bei Pferden, die sich nicht problemlos geradeaus führen lassen, helfen, wenn man einen Richtungswechsel vornimmt, den Pferdekopf zur Seite und das Pferd nach rechts oder links anstatt geradeaus führt. Wenn es von der Linie abweicht, hält man die äußere Hand auf Höhe der Pferdeaugen.

Sollte das Pferd zurück- oder stehen bleiben, darf man auf keinen Fall versuchen, es hinter sich herzuziehen, sondern fordert es durch Zuspruch und leichtes Zungenschnalzen zum Mitgehen auf! Auch hier hilft es, einen Richtungswechsel (wie oben) vorzunehmen. Helfen kann auch ein leichtes Touchieren mit Gerte oder Führstrick an der Flanke oder Hinterhand.

Mit Halfter und Strick sollte das Pferd nur im Stallbereich geführt werden. Pferde sind im Außengelände, z. B. beim Führen auf die Weide oder beim Spazierenführen, oft lebhaft und mit Strick und Halfter allein schwer zu bremsen.

FÜHRSTRICKE UND FÜHRSEILE

Als Führstrick eignen sich alle Stricke, die mindestens 2 m lang sind und einen Karabiner oder ähnlichen Haken haben. Der Panikhaken des Anbindestricks kann sich zu schnell durch falsche, unbewusste Handhabung öffnen, deshalb ist er zum Führen ungeeignet.

Der Führstrick ist auch etwas dicker im Material und liegt dadurch besser in der Hand. Er sollte nicht dehnbar sein. Je nach Einsatzbereich variiert die Länge optimalerweise zwischen 2,50 m bis 3,50 m. Vor allem bei großen Pferden sollte das Seil lang genug sein, um einen entsprechenden Spielraum zu haben.

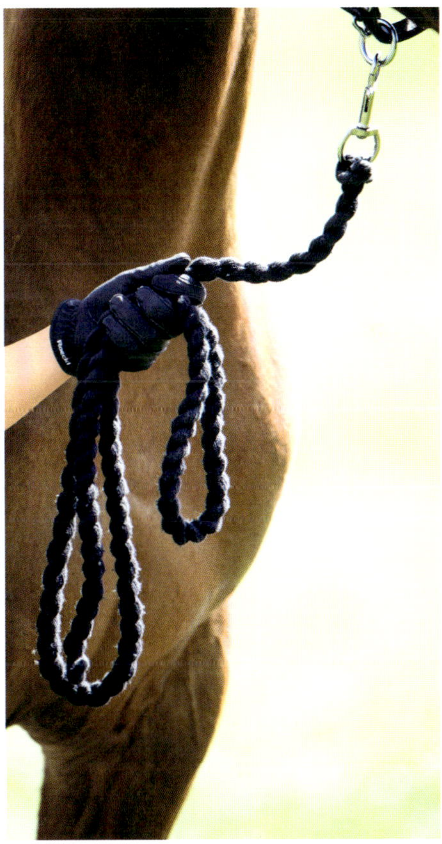

Führstrick mit Karabinerhaken

SLALOM IM SCHRITT

Unter Slalom versteht man das Führen des Pferdes in leicht gebogenen Wendungen um eine gewisse Anzahl von Pylonen oder Hütchen herum. Pferd und Mensch sollen dabei eine Einheit bilden und gleichmäßig in Tempo und Richtung gehen.

In den Wendungen nach rechts geht der Mensch etwas weiter vorne am Pferdekopf, dabei soll das Pferd nach rechts ausweichen und sich dabei nach rechts in der Genick- und Halsstellung und im Idealfall auch in der Längsbiegung des Rumpfes der Schlangenlinie anpassen.

Der Mensch dreht sich im Körper auch etwas nach rechts und geht aufrecht, selbstbewusst und zielstrebig auf der gedachten Linie und begrenzt durch seine eigene Körperhaltung den Weg des Pferdes. Die linke Hand bzw. der linke Arm können bei Bedarf durch Einwirken mit dem Führseil oder mit der Touchiergerte auf die linke Schulter des Pferdes den Weg klarer bestimmen. Dabei schwingt man das Führseil mit der linken Hand hinter seinem eigenen Rücken in Richtung oder gegen die Pferdeschulter. Nach einigem Üben genügt meist schon ein Schwingen des Armes nach hinten und das Pferd reagiert auf das Signal.

In der Wendung nach links dreht der Mensch sich leicht nach links und bleibt etwas weiter zurück, kurz vor der Pferdeschulter. Das Pferd soll sich in der Linkswendung nach links stellen und sich in der Längsbiegung der Schlangenlinie anpassen. Der Mensch treibt das Pferd etwas, da es einen etwas längeren Weg gehen muss.

Er muss auch darauf achten, dass er das Pferd nicht hinter sich kommen lässt, da sonst die Gefahr besteht, dass es zu dicht neben den Füßen des Menschen auftritt und ihn dabei verletzt. Gerade in der Wendung nach links ist das Einhalten der Führdistanz zwischen Mensch und Pferd sehr wichtig und konsequent einzuhalten.

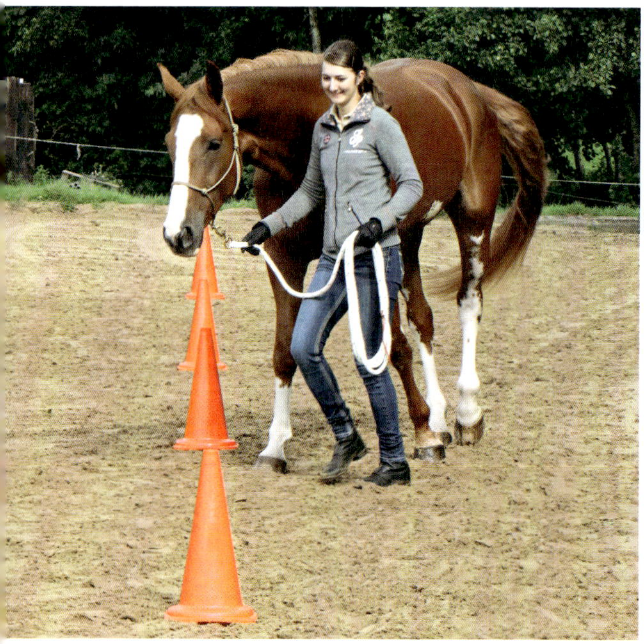

In der Mitte zwischen zwei Hütchen wird das Pferd in die neue Wendung geführt, so kann der Slalom gleichmäßig gelingen.

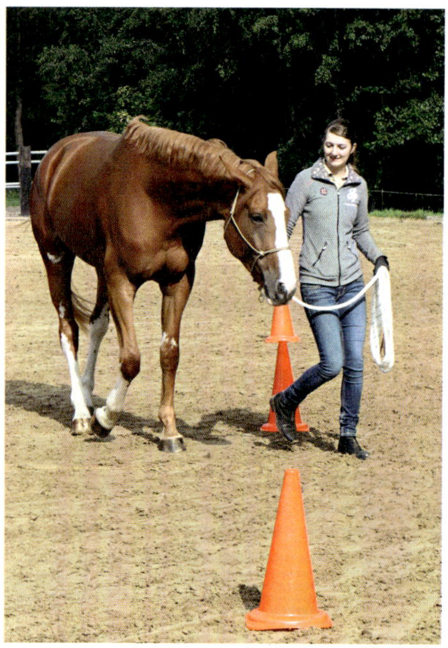

Mit klarer Körpersprache wird die Längsbiegung im Pferdekörper unterstützt.

GANGMASSWECHSEL IM SCHRITT

Pferde müssen sich in ihrem Tempo dem Menschen anpassen. Das wird erst im Schritt erarbeitet. Zunächst soll der Mensch lernen, durch seine Einwirkung das Tempo des Pferdes zu verändern.
Treibende Hilfen werden über eine vermehrte Körperspannung übertragen, sprich Aufrichten im Oberkörper und energischeres, fleißigeres Gehen. Reagiert das Pferd noch nicht ausreichend, kommt die touchierende Signalgebung mit dem Seilende oder der Gerte als Verstärkung hinzu, bis das gewünschte Tempo erreicht wird. Die Signale werden nicht permanent gegeben, sondern in der Intensität steigend und dann auch wieder innehaltend. Zum Verlangsamen des Schrittmaßes wird das eigene Tempo reduziert, der Oberkörper bleibt etwas zurück und man gibt ein verzögerndes Stimmsignal, z. B. „Hoooooo", und ein verhaltendes Signal mit dem Seil.

Ist die Feinabstimmung hergestellt, wird sich das Pferd wie selbstverständlich jeder Tempo- und Richtungsveränderung des Menschen anpassen.

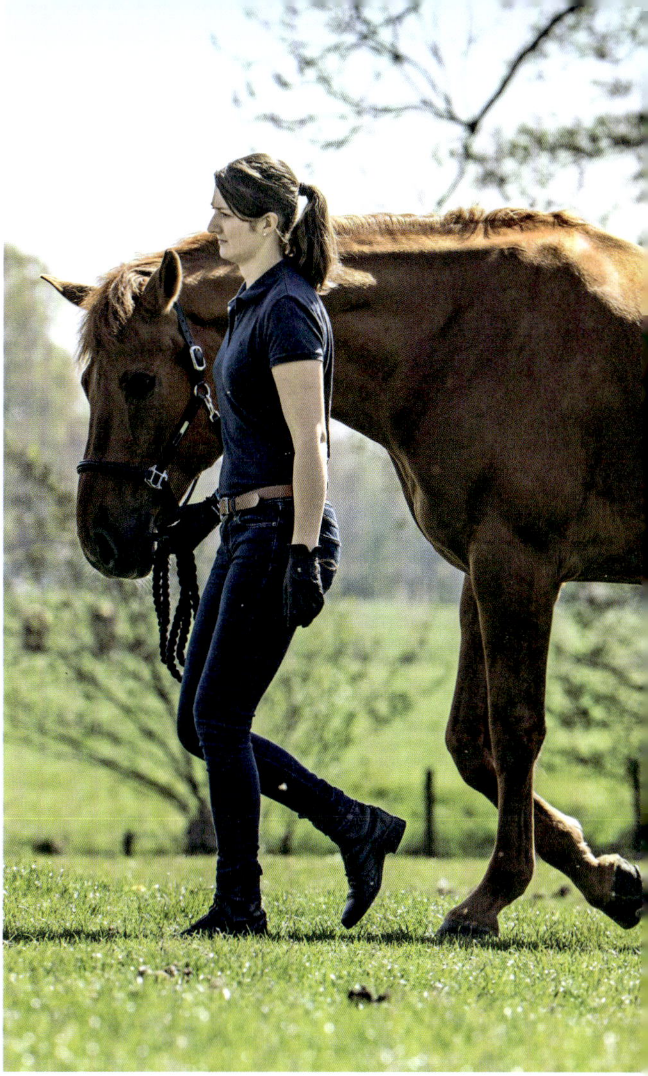

Das Synchronisieren der Schrittfolge und Schrittlänge führt zu einem harmonischen Ablauf.

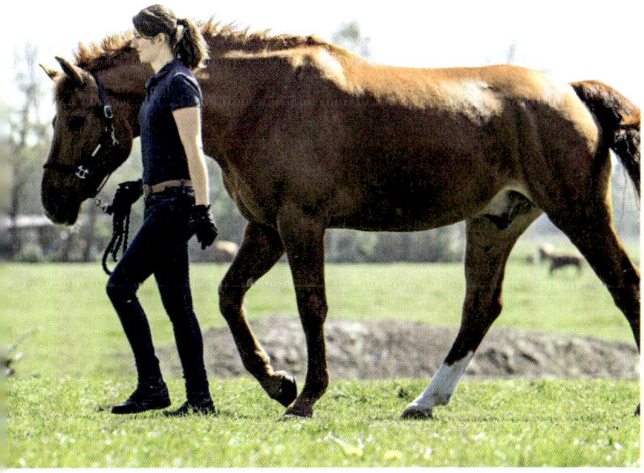

Das Pferd verkürzt gemeinsam mit dem Menschen die Schrittlänge.

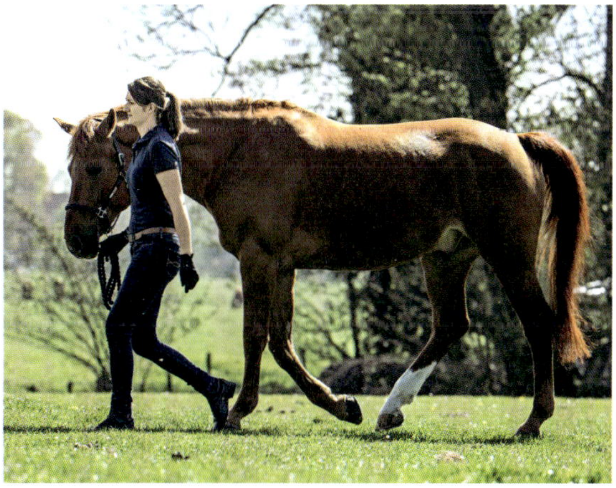

Das Pferd passt sich der Verlängerung der Schrittlänge an, die Körperspannung der Führenden erhöht sich.

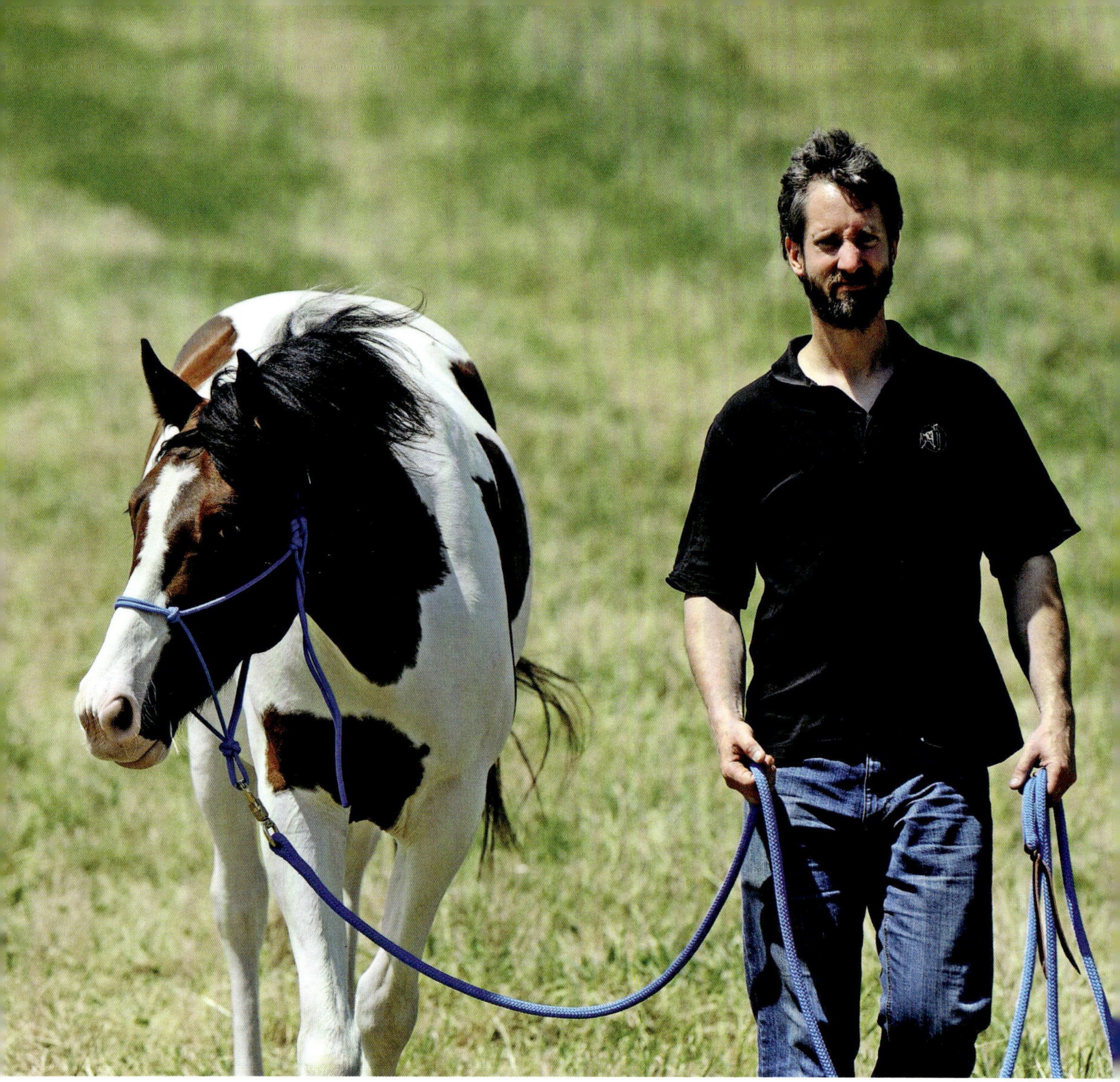

Entspanntes Führen am Knotenhalfter mit ausreichend Abstand zwischen Mensch und Pferd

003 FÜHREN AM KNOTENHALFTER

Ein Knotenhalfter ist ein aus einem relativ dünnen Seil bestehendes Halfter, das an bestimmten neuralgischen Punkten Knoten aufweist. Auf diese Weise wirkt es schärfer als ein herkömmliches Halfter, lässt aber auch beim Führen eine feinere und gezieltere Einwirkung zu.

Ein Knotenhalfter dient nur zum Führen (z. B. Bodenarbeit), niemals zum Anbinden oder als Weidehalfter, da es nicht reißt und das Pferd daran hängen bleiben kann.

FÜHREN AN DER LONGE Eine Möglichkeit, übermütige Pferde draußen sicher zu führen, ist das Führen an der Longe. Vor allem das Führen auf die Weide kann man sich damit erheblich erleichtern. Wer ein Pferd an der Longe führt, sollte allerdings gelernt haben, mit dieser umzugehen. Man muss dabei stets aufpassen, dass das Pferd nicht auf die Longe tritt oder sich die Longe irgendwo verhakt. Wenn ein Pferd trotz aller Bemühungen heftig vorwärtsstürmt, man es nicht „halten" kann, sollte sich niemand schämen, um Hilfe zu bitten. Viel schlimmer wäre es, wenn dir oder dem Pferd etwas passiert!

FÜHREN MIT DER TRENSE

Beim Führen des aufgetrensten Pferdes werden die Zügel vom Hals genommen, die rechte Hand fasst sie dicht hinter den Trensenringen, die linke Hand ergreift die Zügelenden. Dies ist die sicherste Art, ein Pferd mit den Zügeln zu führen! Nur auf kurzen Strecken in eingegrenzten Plätzen und Gebäuden und wenn das Pferd wirklich ruhig und brav ist, dürfen die Zügel auf dem Hals bleiben.
Eine weitere Methode, das Pferd mit den Zügeln zu führen, ist die mit einer Hand (der rechten): Die Zügel werden dabei vom Hals genommen, die Zügelenden zusammengelegt und vom Daumen festgehalten. Diese Art des Führens wird vor allem beim Vorführen verlangt.
Die Einwirkung über die Stimme und Körpersprache ist besonders wichtig.
Bei Wendungen wird das Pferd in einem möglichst großen Rechtsbogen behutsam herumgeführt (niemals ruckartig drehen!). Dabei mit ihm sprechen! Die rechte Hand übt einen leichten Druck auf den linken Zügel aus, die linke Hand ist erhoben. Durch den Rechtsbogen wird die Gefahr vermindert, dass das Pferd die Führperson überholt und ihr, falls es scheut, in die Beine läuft.

Checkliste

SO KLAPPT DAS FÜHREN:

- ☐ Geführt wird das Pferd von links etwa in Höhe zwischen Pferdekopf und Schulter. Zeitweises Führen von rechts fördert die Beidhändigkeit von Pferd und Reiter.
- ☐ Wenn ein gesatteltes Pferd geführt wird, müssen die Bügel hochgeschoben und auch die Ausbinder hochgeschnallt sein! Herunterbaumelnde Bügel sind eine Gefahrenquelle, weil sie an Gegenständen hängen bleiben können.
- ☐ Niemals Strick oder Zügel um Handgelenk, Hand oder einzelne Finger wickeln! Wenn das Pferd erschrickt und wegläuft, könnte es dich mitschleifen und dich dabei verletzen.
- ☐ Wichtig: Sicherheitsabstand zu anderen Pferden einhalten!
- ☐ Bei engen Türen geht man voran. Versuche nie, dich gleichzeitig mit dem Pferd hindurchzuquetschen.
- ☐ Schütze deine Füße durch feste Schuhe.
- ☐ Richtiges, fachgerechtes Führen ist eine wichtige Voraussetzung für die eigene Sicherheit sowie die Sicherheit anderer Personen und Pferde. Daher: Kein Risiko eingehen – lieber andere um Hilfe bitten!

004

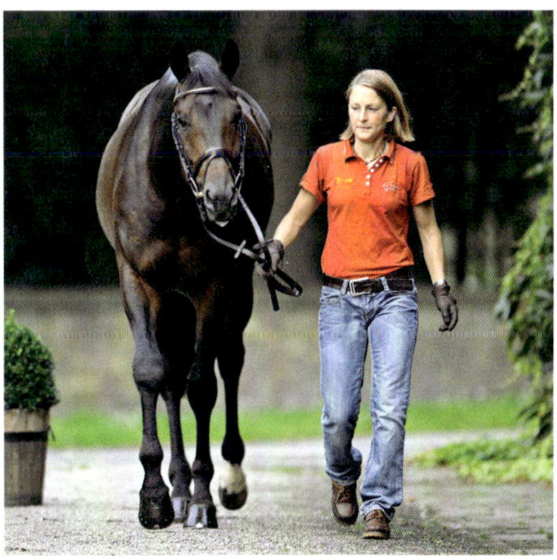

Führen des aufgetrensten Pferdes mit einer Hand

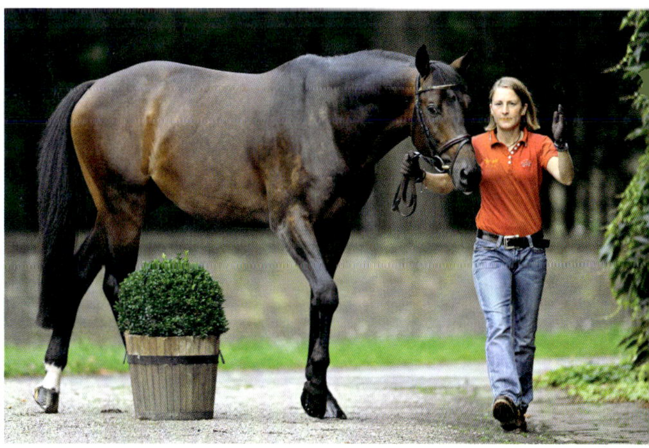

Wendungen werden in einem großen Rechtsbogen ausgeführt.

005

ACHTUNG BEIM PASSIEREN ANDERER PFERDE

Wenn man an anderen Pferden vorbeigeht, sollte man diese immer deutlich ansprechen und, wo irgend möglich, den Sicherheitsabstand wahren! Es kommt natürlich vor allem in Stallgassen vor, dass man an einem angebundenen Pferd vorbeigehen muss und ein größerer Abstand nicht eingehalten werden kann. Hier sollte eine andere Person das angebundene Pferd zur Seite treten lassen und die Reaktionen der Pferde überwachen. Achte auch beim eigenen angebundenen Pferd immer auf andere, die vorbeiführen wollen. Nimm Rücksicht!

Wenn das Pferd gesattelt ist, müssen die Bügel hochgeschoben und die Riemen durch die Bügel gesteckt werden, damit diese nicht herunterrutschen können.

Hilfszügel werden grundsätzlich erst unmittelbar vor dem Aufsitzen befestigt. Die Ausbinder werden in die seitlichen Ösen des Sattels gehakt, beim Martingal werden die Zügel noch nicht durch die Ringe geführt. Ein auf Kandare gezäumtes Pferd führt man an den vom Hals genommenen Trensenzügeln, die Kandarenzügel bleiben auf dem Hals liegen. Auf kurzen Strecken dürfen auch die Trensenzügel auf dem Hals liegen bleiben, dann werden jedoch nur die Trensenzügel angefasst.

Wenn das Pferd zu heftig vorwärtsdrängt, beruhigt man es mit der Stimme und fängt es durch kurze Zügelanzüge auf, denen jeweils ein sofortiges Nachlassen folgen muss. Zusätzlich kann die linke Hand, vor die Pferdenase gehalten, das Tempo verlangsamen und der hoch gehaltene Arm das Tempo bremsen. Wickele Dir niemals die Zügel um die Hand und trage zu Deiner Sicherheit Handschuhe.

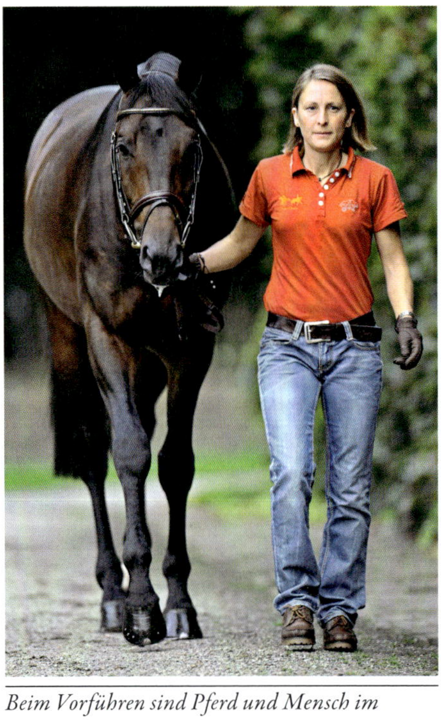

Beim Vorführen sind Pferd und Mensch im Gleichschritt.

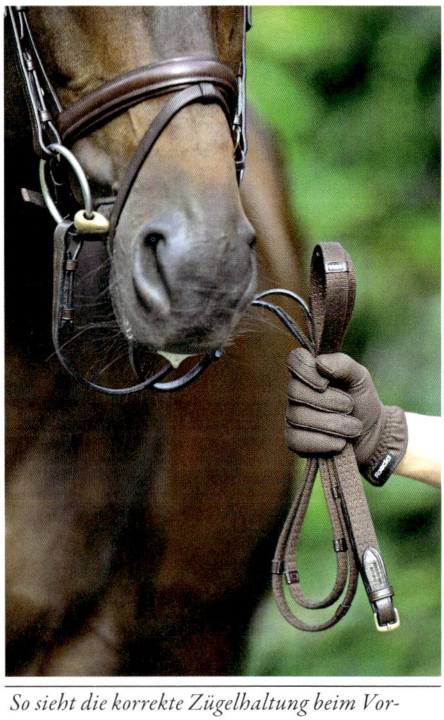

So sieht die korrekte Zügelhaltung beim Vorführen aus.

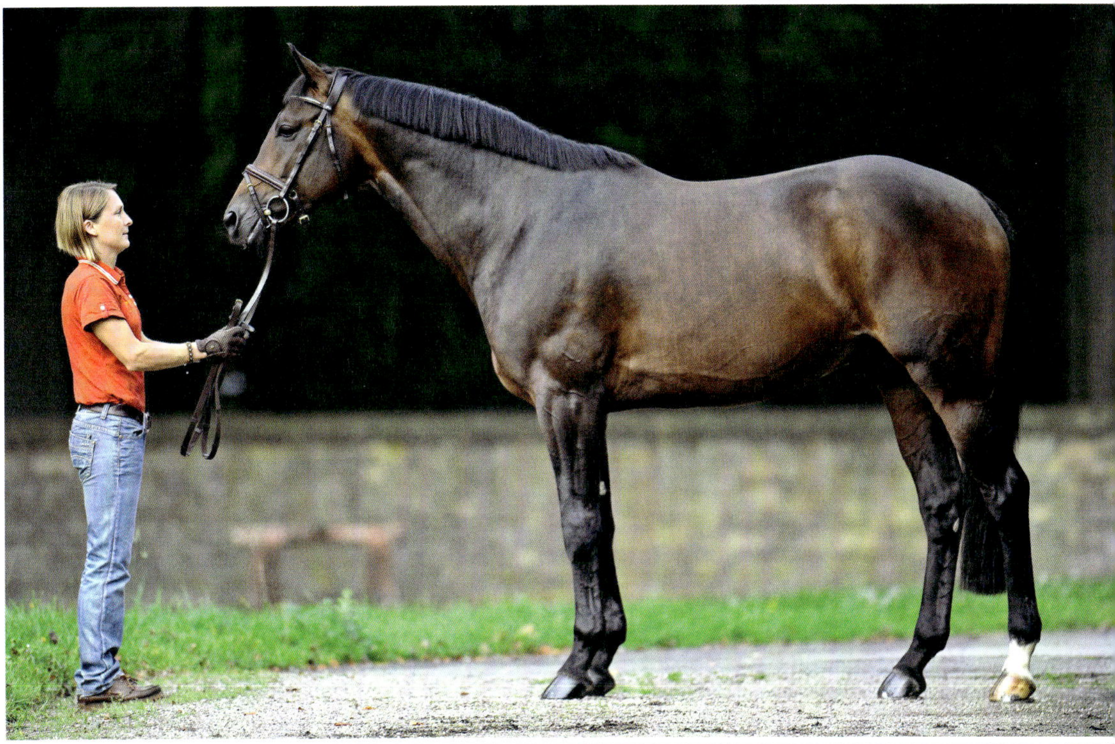

Die Aufstellung beim Vorführen

VORFÜHREN EINES PFERDES

Das Vorführen des Pferdes wurde früher Mustern oder Vormustern genannt – ein Ausdruck, der aus der Sprache der Kavallerie stammt. Vorgeführt wird ein Pferd zum Zweck der Pferdebeurteilung, beim Pferdekauf und -verkauf, bei Verfassungsprüfungen großer Championate oder für den Tierarzt, der dabei z. B. eine Lahmheit genauer erkennen kann. Es gibt Prüfungen, wie Materialprüfungen, Stuten- und Hengstschauen, bei denen das Pferd vorgeführt wird. Hier werden das Exterieur (Gebäude) im Stand und die Bewegungen auf einer Dreiecksbahn im Schritt und Trab beurteilt. Die Dreiecksbahn (ein gleichseitiges Dreieck mit einer Seitenlänge von 15 bis 20 m) ist vorteilhaft, weil der Beurteiler an der Ecke steht und somit das Pferd in der Bewegung von der Seite, von hinten und von vorne sehen kann.

Beim Vorführen ist Folgendes zu beachten:

— Zügelhaltung erfolgt mit einer, der rechten Hand.
— Geführt wird das Pferd in Schulterhöhe und im Gleichschritt mit den Vorderbeinen.
— Bei der Aufstellung tritt die Führperson vor das Pferd, hält mit jeder Hand einen Zügel und zeigt das Pferd in geöffneter Stellung.

006

ÜBEN MIT MENTALEM TRAINING

Eine bewährte zusätzliche Möglichkeit, das richtige Führen zu lernen, ist die des mentalen Trainings – man kann das ganz allein tun und braucht nicht einmal ein Pferd dafür! Präge dir anhand des Textes und der Abbildungen die Handgriffe und Vorgänge noch einmal genau ein. Wenn du dir dann ganz intensiv vorstellst, wie ein Pferd geführt wird, wirkt sich das so aus, als ob du es wirklich üben würdest. Du hast das Führen so verinnerlicht, dass es in der Praxis tatsächlich klappt.

RÜCKWÄRTSTRETEN LASSEN

Rückwärtstreten ist für Pferde zunächst immer mit einer gewissen Selbstüberwindung verbunden. Sie können genau in dem Bereich, in den sie treten sollen, nichts sehen. Deshalb müssen Pferde in kleinen Übungsschritten lernen, dem Menschen zu vertrauen, wohin sie rückwärts treten. Diese Übung sollte auf keinen Fall als Strafe eingesetzt und missbraucht werden.

Zunächst soll das Pferd ruhig und gelassen halten und im Gleichgewicht mit leicht gesenktem Hals stehen. Dann dreht der Mensch sich zum Pferd um und steht neben dem Pferdekopf. Er richtet sich auf und deutet einen Schritt in Richtung Pferdeschulter an. Gleichzeitig gibt er ein Stimmsignal z. B. „Zuuuurück". Es sollte immer dasselbe Signal sein für diese Übung.

Wenn das Pferd sein Gleichgewicht nach hinten verlagert, kann mit einem Berührungsimpuls durch die Hand, das Führseil oder den Gertenknauf am Buggelenk ein Tritt rückwärts ausgelöst werden. Am Anfang sollte das Pferd für diesen einen willigen Rückwärtstritt sofort gelobt werden. Erst nach und nach werden mehrere Tritte verlangt.

Das Pferd soll diagonal rückwärtstreten und in dieser Übung immer losgelassen im Rücken bleiben und nicht mit steifen Beinen gegenstemmen. Dann verliert diese Übung ihren vertrauensbildenden Charakter.

Sollte das Pferd mit der Hinterhand zur Seite ausweichen gibt es verschiedene Korrekturmöglichkeiten:

- Den Pferdekopf geradestellen bzw. zu der Seite stellen, zu der das Pferd ausweicht.
- Mit der Hand, Führseil oder Gerte das Pferd optisch an der ausweichenden Seite begrenzen.
- Auf dem Hufschlag anhalten, dann an der Bande Rückwärtstreten lassen.
- In Pylonengasse rückwärtstreten lassen.
- Zwischen zwei Stangen rückwärtstreten lassen.

Für unsichere Pferde ist es zunächst leichter im freien Raum rückwärtszutreten als eingeengt. Deshalb sollte zuerst die sichere gute Hilfengebung ein gerades Rückwärtstreten begleiten. Erst mit größerem Vertrauen gehen Pferde willig zwischen Gegenständen rückwärts.

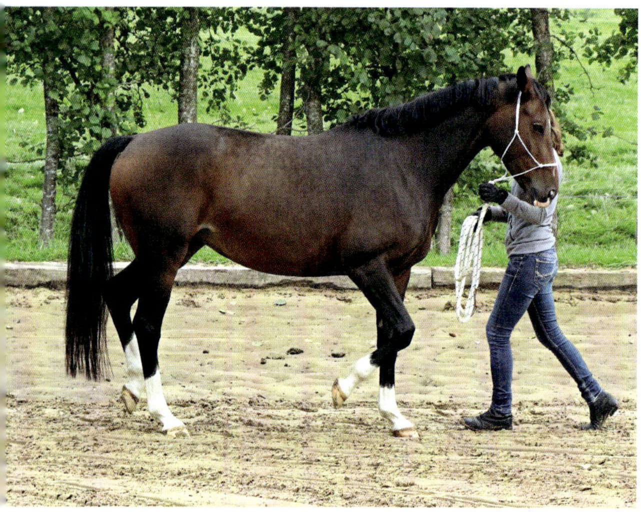

Motiviertes Rückwärtsrichten, geführt auf der rechten Kopfseite des Pferdes. Die Tritte verlaufen diagonal wie im Trab.

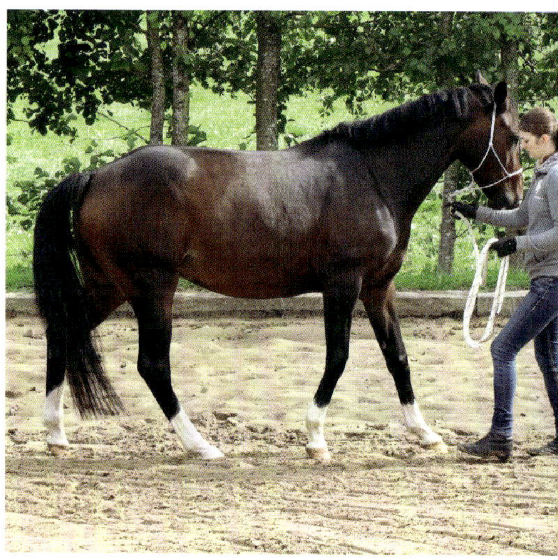

Am Knotenhalfter wird ein leichtes Rückwärtssignal gegeben.

STATIONSPRÜFUNG PFERDEFÜHRERSCHEIN UMGANG AUFGABENBEISPIEL

007

1 *Aufstellung linke Seite des Pferdes präsentieren*

1 – 2 *Dreiecksbahn Schritt*

2 – 3 *Trab bis 3, durchparieren zum Schritt*

4 *Aufstellung rechte Seite des Pferdes präsentieren, im Schritt zur kurzen Seite*

5
6 *Slalom im Schritt, in der Ecke bei die Führseite wechseln*

6 – 7 *Trab, bei 7 durchparieren zum Schritt*

7 – 8 *Verlangsamter Schritt, bei*

8 *die Führseite wechseln*

9 *Über die Plane gehen*

10 *Über der Stange halten*

11 *Durch das Labyrinth führen*

12 *Vor den Richtern halten, grüßen und die Bahn verlassen*

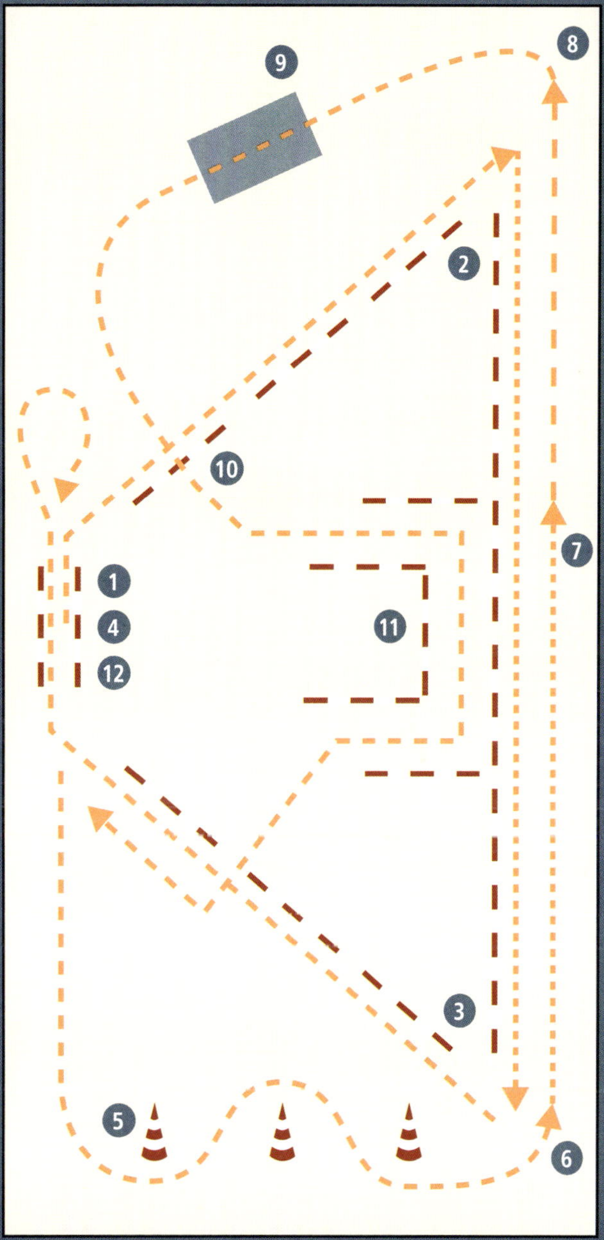

AUFGABEN PFERDEFÜHRERSCHEIN UMGANG

- Führen geradeaus von beiden Seiten
- Halten an einem vorgegebenen Punkt
- Passieren anderer Pferde
- Loslassen des Pferdes in die Weide oder den Paddock
- Gangmaßwechsel im Schritt
- Slalom
- Traben auf gerader Linie
- Rückwärtsrichten
- Verladen bzw. Mithilfe beim Verladen

WEIDEGANG: FÜHREN, FREILASSEN, EINFANGEN

Auch das bravste Pferd kann im Außengelände einmal erschrecken, durch ungewohnte Reize abgelenkt werden oder einfach seiner Vorfreude auf die Weide übermütig Luft machen. Deshalb ist darauf zu achten, dass es auf dem Weg zur Weide nicht losstürmt und unter Kontrolle bleibt.

Achte darauf, dass das Pferd absolut ruhig stehen bleibt, wenn du den Eingang zur Weide oder zum Paddock öffnest und wieder schließt. Am besten, eine andere Person hilft dabei! Erst nachdem das Pferd dazu aufgefordert wurde, darf es neben der Führperson die Weide betreten. Sprich mit ihm, führe es auf einer großen Volte herum und stell es mit dem Kopf zum Eingang auf. Lass es dann eine Weile (bei Weideneulingen und sehr übermütigen Pferden bis zu zwei Minuten) still stehen. Es sollte sich gar nicht erst angewöhnen, sofort loszustürmen!
Vor dem Abstreifen des Halfters tritt man vor das Pferd, stellt es gerade und mit geradegerichtetem Kopf vor sich auf. Dann wird die Schnalle des Halfters gelöst und das Halfter abgenommen. Du trittst so weit zurück, dass dich die Hufe nicht erreichen können, falls das Pferd sich aus Freude über seine Freiheit umdreht, übermütig buckelt und ausschlägt.
Zum Einfangen nähert man sich dem Pferd von vorn-seitwärts und spricht es dabei an. Wenn keine anderen Pferde auf der Weide sind, darf ein Leckerbissen angeboten werden. Klopfe lobend den Pferdehals, damit das Einfangen in angenehmer Erinnerung bleibt. Lege dann das Halfter mit Kette und Führstrick an.
Sollte das Pferd einmal nicht stehen bleiben, kannst du ihm auch zuerst den Strick um den Hals legen und danach das Halfter überstreifen. Auf gar keinen Fall einem Pferd, das wegrennt, nachlaufen! Warte gelassen ab, bis es ruhig stehen bleibt, und nähere dich ihm von neuem.

DER ERSTE WEIDEGANG IM FRÜHJAHR

Der erste Weidegang, z. B. im Frühjahr oder nach längerer Weidepause, sollte besonders gut und gründlich vorbereitet werden. Ansonsten können sich die Pferde zu Beginn der Weidesaison in ihrem unregulierten Übermut ernsthaft verletzen.

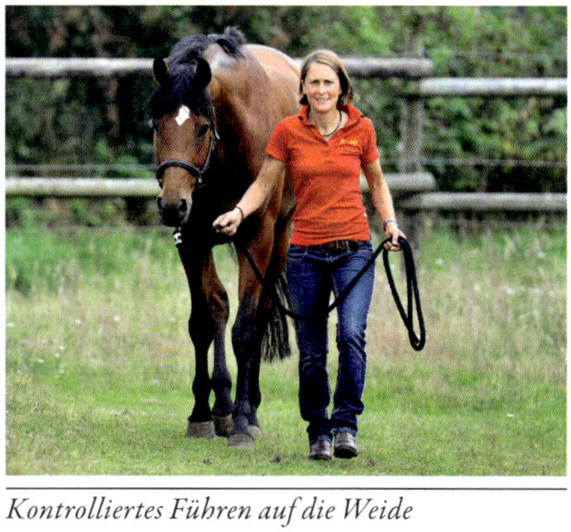

Kontrolliertes Führen auf die Weide

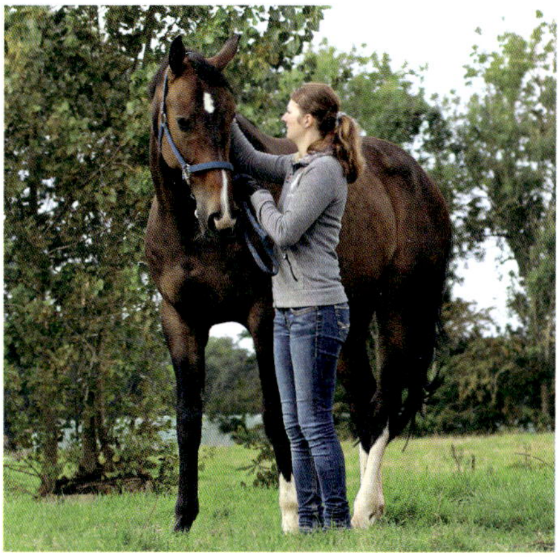

Zum Freilassen wird das Pferd in Richtung Ausgang aufgestellt.

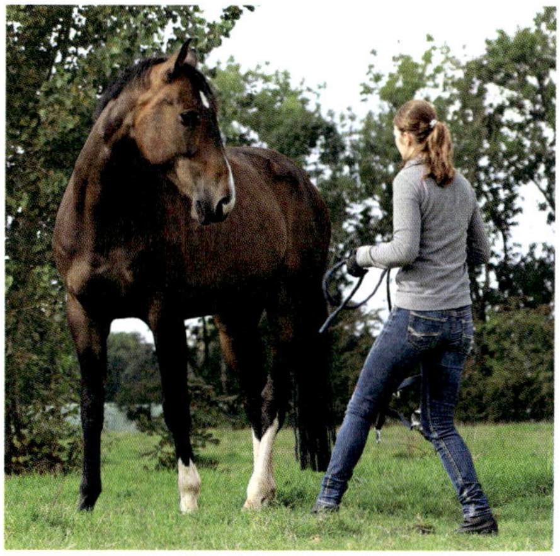

Nachdem das Halfter abgenommen wurde, tritt die Führende zurück und gibt den Weg nach vorn frei.

Jeder Sportler weiß, dass er sich vor einer sportlichen Leistung aufwärmen muss, weil ohne diese Erwärmung die Verletzungsgefahr groß ist. Das gilt auch für das Pferd, das gleichsam in einem Kaltstart auf der Weide lostobt! Deshalb das Pferd erst nach der Arbeit, also nicht unbewegt, auf die Weide bringen! Es kann vorher auch ablongiert werden.

Vor dem ersten Weidegang nicht füttern! Der Hunger auf frisches Gras wird von anderen Reizen ablenken und unkontrolliertes Herumtoben eindämmen.

Aber Vorsicht – Gras ist zwar für frei lebende Pferde das natürlichste Futter. Unsere Tiere jedoch, die während des Winters im Stall sind, müssen im Frühjahr ganz allmählich von der Winterfütterung auf das frische Grün umgestellt werden. Junges Gras in größeren Mengen kann gefährlich sein, da es viel Eiweiß, Zucker, Mineralstoffe und Stärke, aber wenig Rohfasern enthält. Das ist zwar gut für den Fellwechsel, zu viel des Guten kann aber zu Hufrehe, Kolik und Durchfall führen. Deshalb zu Beginn nur 10 Minuten anweiden, dann täglich die Weidezeit um 5 Minuten steigern. Wichtig ist auch, dass man beim ersten Weidegang noch eine Weile dabeibleibt, das Pferd beobachtet und mit der Stimme beruhigt.

Das ist besonders dann notwendig, wenn das Pferd zum ersten Mal zusammen mit anderen Pferden auf die Weide kommt. Pferde, die versuchen, sich zu schlagen oder zu beißen, müssen sofort getrennt werden! Erst wenn alle friedlich nebeneinander grasen, kann man sie allein lassen.

Vor dem ersten Weidegang zusammen mit anderen Pferden ist es ratsam, die Eisen abzunehmen, um bei Zusammenstößen Verletzungen vorzubeugen. Man kann den Hufschmied darum bitten, zwischen dem Abnehmen der alten Eisen und dem Neubeschlag eine Pause von ein paar Tagen einzulegen. Generell sollten Pferde, die gemeinsam auf die Weide kommen, hinten keine Eisen tragen.

ACHTUNG!

Eine Methode, übermütige Pferde auf die Weide zu bringen, ist das Führen an der Longe. Man lässt das Pferd dann auf der Weide – ebenfalls an der Longe – eine ganze Weile ruhig grasen, bevor man das Halfter abnimmt. Voraussetzung ist jedoch, dass man mit der Longe umgehen kann und sorgfältig darauf achtet, dass das Pferd nicht in diese hineintritt.

☞ FÜHREN IN ALLTAGSSITUATIONEN

Führen in Alltagssituationen aus dem öffentlichen Raum wird in der Stationsprüfung 4 abgefragt. Unter „öffentlicher Raum" wird der nicht geschlossene Nahbereich des Hofes verstanden, bei dem Begegnungen mit Dritten möglich bzw. wahrscheinlich sind.

Diese Prüfungsstation soll alltagstauglich die Situationen abprüfen, die jeder Pferdefreund fast täglich im Umgang mit dem Pferd bewältigt. Dabei ist eine Prüfung in der Gruppe möglich.

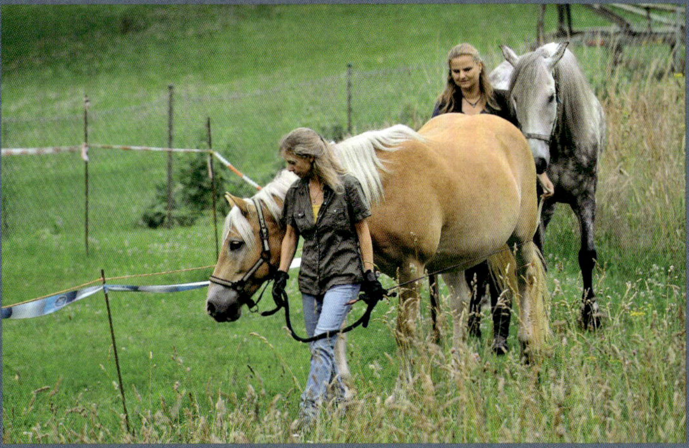

01

01 Die Welt ist voller spannender Dinge, die es sich anzuschauen lohnt! Flatterband oder andere optisch auffällige Gegenstände.

02 Begegnung mit Autos – erst stehend, später auch fahrend.

03 Und Gullis oder Bodenmarkierungen, denn viele Pferde finden „Seltsames" auf dem Boden sehr gruselig.

04 Passieren von Landmaschinen und Traktoren (erst ohne, später aber auch mit laufendem Motor).

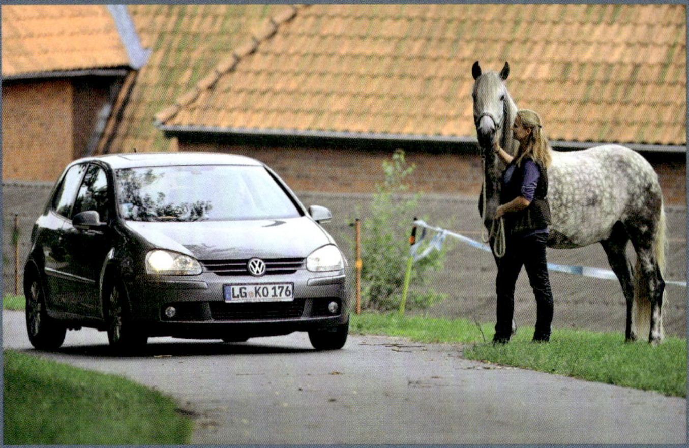

02

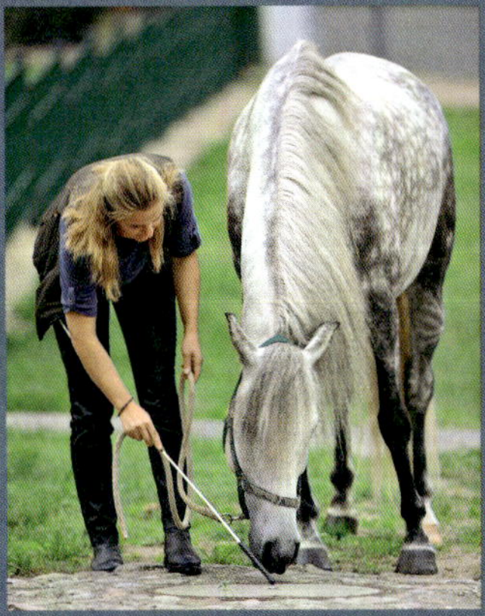

03

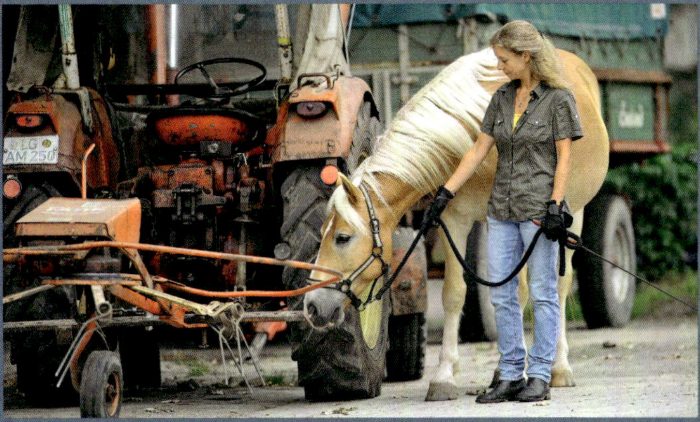

04

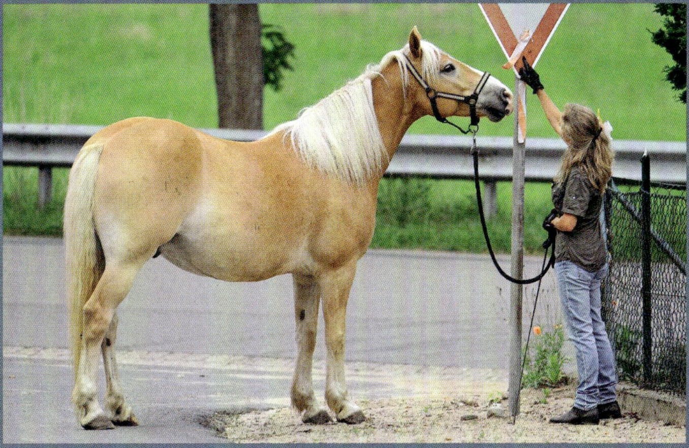

05

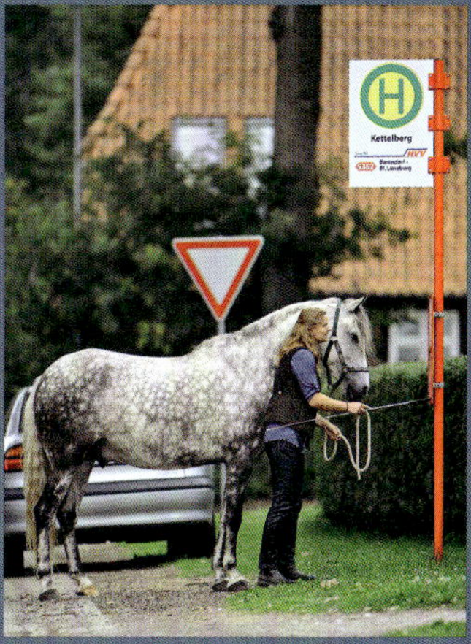

06

05/06 Zeigen Sie Ihrem Pferd auch Dinge, die für Sie selbstverständlich sind, wie z. B. Straßenschilder – laden Sie Ihr Pferd ein, es sich anzuschauen, es zu berühren, und belohnen Sie seine Neugier und seinen Mut.

07 Heranführen an einen unbekannten Gegenstand: Oft liegen Planen herum, die Sie sich gemeinsam anschauen können.

08 Je mehr Ihr Pferd Ihnen vertraut und je gelassener es auf all die seltsamen Dinge reagiert, desto schwieriger können Sie die Aufgaben gestalten. So können Sie mit einem gelassenen Pferd auch behutsam durch gruselige Engpässe gehen.

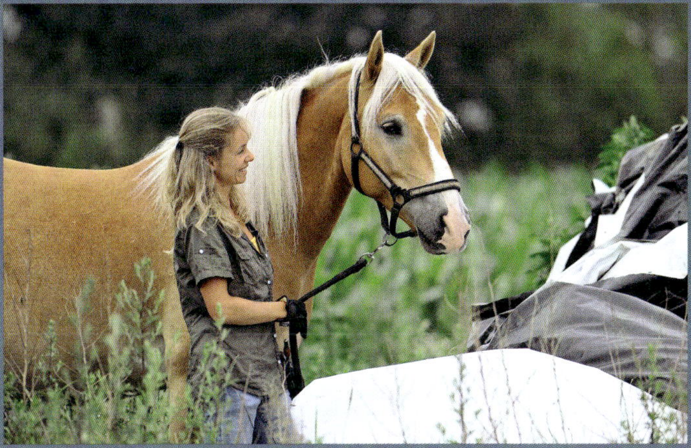

07

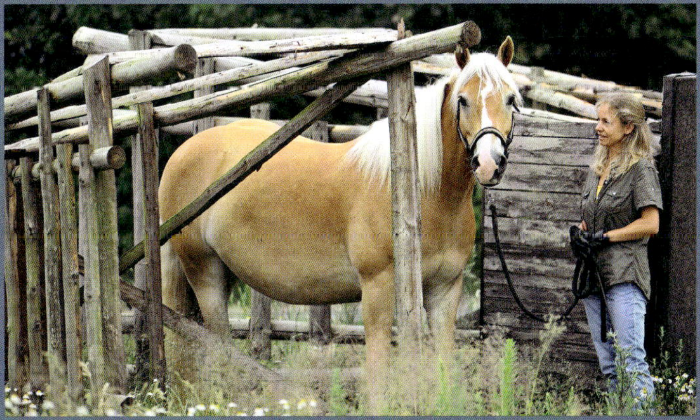

08

WISSENS-CHECK **FÜHREN**

?	**Wie wird ein Pferd geführt?**	✓	Meist links und neben bzw. leicht vor der Pferdeschulter. Ich achte darauf, dass das Pferd den Kopf gerade hält und geradeaus geht. Wenn es von der Linie abweicht, hilft es, wenn man die linke Hand in Augenhöhe hält. Zur Förderung der Beidhändigkeit sollte auch immer mal wieder von rechts geführt werden.
?	**Wie führt man ein Pferd am Halfter?**	✓	Die zum Pferd weisende Hand fasst den Strick ca. drei Handbreit unter dem Halfter, die andere hält das andere Strickende. Brave und zuverlässige Pferde darf man mit etwas längerem Strick und nur mit einer Hand führen.
?	**Wo wird ein Pferd mit Strick und Halfter geführt?**	✓	Nur im Stallbereich
?	**Wie wird das Pferd mit dem Halfter im Außengelände am sichersten geführt?**	✓	Mit einer Führkette oder einem Knotenhalfter mit Führseil. Der Anbindestrick mit Panikhaken ist ungeeignet, da dieser sich ungewollt öffnen kann.
?	**Warum ist eine Führkette zu empfehlen?**	✓	Aus Sicherheitsgründen. Pferde sind im Außengelände, z. B. beim Führen auf die Weide oder beim Spazierenführen, oft lebhaft und mit Strick und Halfter allein schwer zu bremsen. Auch beim Verladen kann eine Führkette benutzt werden. Angebunden wird das Pferd jedoch immer nur an Strick und Halfter.
?	**Welche Methode, die Führkette anzulegen gibt es?**	✓	Es gibt verschiedene Möglichkeiten, die Führkette anzulegen. Eine wichtige Variante ist die, bei der die Kette unter dem Kinn des Pferdes verläuft: Der Karabiner wird links durch den unteren seitlichen Halfterring geführt. Die Kette wird unter dem Kinn des Pferdes, durch den rechten unteren Ring und dann hoch zum oberen Halfterring geführt, wo der Karabiner eingehakt wird.
?	**Wie wird ein aufgetrenstes Pferd geführt?**	✓	Ich nehme die Zügel vom Hals, fasse sie mit der rechten Hand ca. zwei bis drei Handbreit hinter den Trensenringen und nehme die Zügelenden in die linke Hand.

?	**Darf man ein Pferd auch mit den Zügeln auf dem Hals führen?**	✓	Ja – aber nur auf kurzen Strecken in eingegrenzten Plätzen und Gebäuden und wenn das Pferd wirklich ruhig und brav ist.
?	**Welche weitere Methode des Führens mit Zügeln gibt es?**	✓	Das Führen mit einer Hand (der rechten). Die Zügel werden vom Hals genommen, die Zügelenden zusammengelegt und vom Daumen festgehalten. Diese Art des Führens wird vor allem beim Vorführen verlangt.
?	**Welches ist die sicherste Art des Führens?**	✓	Das Führen mit beiden Händen. Die zum Pferd weisende Hand fasst den Strick oder die Zügel ca. drei Handbreit unter dem Halfter bzw. der Trensenringe, die andere hält das andere Strickende bzw. die Zügelenden.
?	**Was geschieht mit den Steigbügeln, wenn das Pferd gesattelt ist?**	✓	Die Bügel werden zum Führen am unteren Bügelriemen hochgeschoben, die Riemen durch die Bügel gesteckt, damit sie nicht runterrutschen.
?	**Was machst du vor dem Führen mit den Hilfszügeln?**	✓	Hilfszügel werden grundsätzlich erst unmittelbar vor dem Aufsitzen befestigt. Ausbinder werden in die seitlichen Ösen des Sattels gehakt, beim Martingal werden die Zügel noch nicht durch die Ringe geführt.
?	**Wie führt man ein auf Kandare gezäumtes Pferd?**	✓	Ein auf Kandare gezäumtes Pferd führt man an den vom Hals genommenen Trensenzügeln, die Kandarenzügel bleiben auf dem Hals liegen. Auf kurzen Strecken dürfen auch die Trensenzügel auf dem Hals liegen bleiben, dann werden jedoch nur die Trensenzügel angefasst.
?	**Wie verhältst du dich, wenn das Pferd beim Führen hinter dir zurück- oder stehen bleibt?**	✓	Ich darf auf keinen Fall versuchen, es hinter mir herzuziehen. Durch Zuspruch, leichtes Zungenschnalzen oder Touchieren mit Gerte oder Führstrick fordere ich es zum Mitgehen auf.
?	**Weshalb sollte man dem Pferd beim Führen nicht in die Augen sehen?**	✓	Weil es gewohnt ist, dann stehen zu bleiben. Meine ihm dann zugewandte Körperhaltung wirkt bremsend. Zudem kann ich mit nach vorn gerichteten Augen auch kleine Hindernisse und Gefahren rechtzeitig erkennen.
?	**Was tust du, wenn das Pferd zu heftig vorwärtsdrängt?**	✓	Ich beruhige es mit der Stimme und fange es durch kurze Zügelanzüge auf, denen jeweils ein sofortiges Nachlassen folgen muss. Zusätzlich kann die linke Hand, vor der Pferdenase gehalten, das Tempo verlangsamen.

?	**Was ist beim Führen hinter anderen Pferden besonders zu beachten?**	✓	Die Sicherheitsabstände von zwei Pferdelängen (ca. 5 m) müssen unbedingt eingehalten werden.
?	**Wie werden beim Führen Wendungen ausgeführt?**	✓	Ich führe das Pferd in einem möglichst großen Rechtsbogen behutsam herum (niemals ruckartig drehen!) und spreche dabei mit ihm. Mit der rechten Hand übe ich einen leichten Druck auf den linken Zügel aus und erhebe die linke Hand.
?	**Warum werden Wendungen immer rechtsherum durchgeführt?**	✓	Dadurch wird die Gefahr vermindert, dass das Pferd die Führperson überholt und ihr, falls es scheut, in die Beine läuft.
?	**Wie führt man durch enge Türen, Tore und ähnliche Durchgänge?**	✓	Man geht immer voraus und tritt dann zur Seite, um das Pferd vorbeizulassen.
?	**Was muss beachtet werden, wenn man ein Pferd an anderen Pferden vorbeiführt?**	✓	Es sollte ein Sicherheitsabstand von ca. zwei Pferdelängen eingehalten werden.
?	**Was machst du, bevor du hinter einem anderen Pferd vorbeiführst?**	✓	Ich spreche es deutlich vernehmbar und mit beruhigender Stimme an.
?	**Wie verhält man sich beim Passieren von anderen Pferden, die in der Stallgasse angebunden sind?**	✓	Da hier die Einhaltung des Sicherheitsabstandes nicht möglich ist, sollte grundsätzlich eine andere Person das zu passierende Pferd am Kopf halten, mit ihm sprechen, es beruhigen und zur Seite treten lassen. In Ställen mit zwei Ausgängen kann diese Situation vermieden werden, indem Pferde nur in einem Teil der Stallgasse angebunden werden, sodass der andere Ausgang frei bleibt.
?	**Wie wird das Pferd zu Weide oder Paddock geführt?**	✓	Mit einem Führstrick, einer Führkette oder an der Longe
?	**Wie verhältst du dich vor dem Freilassen auf der Weide oder auf dem Paddock?**	✓	Ich stelle das Pferd mit dem Kopf zum Eingang auf, trete vor das Pferd, stelle es gerade und mit geradegerichtetem Kopf vor mir auf und spreche beruhigend mit ihm. Ich lasse vor dem Freilassen das Pferd grundsätzlich eine ausreichende Zeit still stehen, damit es sich gar nicht erst angewöhnt, sofort loszustürmen! Eine gute Möglichkeit für diese Gewöhnung ist das Grasenlassen an der Longe.

?	**Worauf ist beim anschließenden Freilassen zu achten?**	✓	Ich löse die Schnalle des Halfters, bevor ich es abstreife. Danach trete ich so weit zurück, dass mich die Hufe nicht erreichen können. Es muss immer damit gerechnet werden, dass das Pferd seinem Übermut Luft macht, sich umdreht, buckelt und ausschlägt!
?	**Warum sollte das Halfter abgenommen werden?**	✓	Weil das Pferd – wenn es sich z. B. mit dem Hinterbein am Kopf kratzt – in ihm hängen bleiben und sich dabei verletzen könnte.
?	**Was ist beim Einfangen des Pferdes auf der Weide zu beachten?**	✓	Man nähert sich ihm ruhig von vorn-seitwärts, spricht es an und lockt es eventuell mit einem Leckerbissen.
?	**Bei welchen Anlässen wird ein Pferd vorgeführt?**	✓	Zum Zweck der Pferdebeurteilung, also etwa beim Pferdekauf und -verkauf, bei Materialprüfungen, Stuten- und Hengstschauen, aber auch für den Tierarzt, der dabei z. B. eine Lahmheit genauer erkennen kann.
?	**Wie werden die Zügel beim Vorführen (auch „Mustern" genannt) gehalten?**	✓	Ich nehme die Zügel vom Hals. Der Zeigefinger der rechten Hand greift ein bis zwei Handbreit hinter den Trensenringen zwischen die Zügel, wobei der rechte Zügel etwas kürzer gefasst wird. Das Zügelende wird doppelt zusammengelegt und ebenfalls in die rechte Hand genommen, der Daumen auf die Zügel aufgesetzt.
?	**Wie wird erreicht, dass der Beschauer das Pferd möglichst vorteilhaft, in taktreinen, schwungvollen Gängen sehen kann?**	✓	Der Vorführende geht ungefähr in Schulterhöhe des Pferdes und hält Gleichschritt mit dessen Vorderbeinen. Durch Zungenschnalzen bzw. leichtes Annehmen und sofort folgendes Nachgeben mit den Zügeln reguliert er das Tempo. Wendungen werden auch hier nach rechts ausgeführt. Pferde, die allzu heftig vorwärtsdrängen, beruhigt man zusätzlich mit der vor die Pferdenase erhobenen linken Hand und beruhigender Stimme.
?	**Wie sieht die Aufstellung aus?**	✓	Der Vorführende tritt vor das Pferd und hält mit jeder Hand einen Zügel, das Zügelende in der rechten. Ist der Boden uneben, sollte die Hinterhand etwas tiefer stehen. Das Pferd wird in geöffneter Stellung gezeigt: Auf der Seite, die dem Beschauer zugewandt ist, lässt man das Vorderbein einen halben Schritt vor-, das Hinterbein einen halben Schritt zurücktreten. Stellungskorrekturen werden stets nach vorne ausgeführt. Das Pferd soll bei der Aufstellung Kopf und Hals frei tragen.

RICHTIGES ANBINDEN

Das richtige, fachgerechte Anbinden des Pferdes ist für die Sicherheit aller Beteiligten außerordentlich wichtig. Man kann es sich gar nicht gründlich genug einprägen, es nicht oft genug üben. Die Handgriffe sollten ohne langes Überlegen, „wie im Schlaf" klappen.

Benutze immer ein stabiles Halfter und einen robusten Anbindestrick mit Panikhaken.
Der Anbindestrick wird in Höhe des Buggelenks angebracht und darf weder zu lang noch zu kurz sein.
Der Anbindeknoten muss fest, aber dennoch leicht aufziehbar sein, damit man ihn – sollte das Pferd aus irgendeinem Grund in Panik geraten – leicht öffnen kann.
Das Pferd muss an einer festen, stabilen Anbindevorrichtung angebunden werden, am besten an einem fest verankerten Anbindering. Die Gitterstäbe einer Box dürfen dafür nur verwendet werden, wenn sich in dieser Box kein anderes Pferd aufhält! Tabu sind z. B. Geländer, Zäune, Bäume oder gar Stacheldraht!

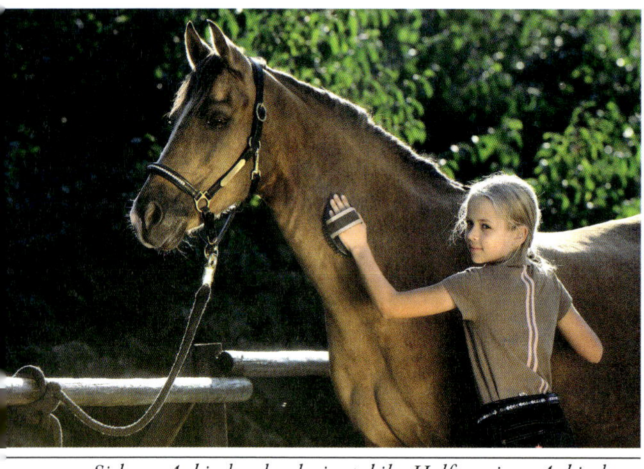

Sicheres Anbinden durch ein stabiles Halfter, einen Anbindestrick mit Panikhaken und eine stabile Anbindevorrichtung

Die sicherste Möglichkeit, ein Pferd anzubinden, ist die beidseitige Anbindung. Da dies nur auf der Stallgasse möglich ist, muss man auch das einseitige Anbinden kennen und beherrschen.
Das Pferd darf nie am Trensenring oder mit den Zügeln angebunden werden, weil dies zu schlimmen Verletzungen führen kann: Es könnte erschrecken, sich mit dem Gebiss selbst ins Maul reißen und auf die Schmerzen panisch reagieren. Beim Versuch freizukommen, kann es die Trense zerreißen.
Bei mehreren angebundenen Pferden ist immer auf den ausreichenden Sicherheitsabstand von zwei Pferdelängen zu achten.
Der Anbindeplatz muss frei von Ursachen für Angst und Verletzungen sein. Vor allem im Freien ist darauf zu achten, dass keine gefährlichen Gegenstände (Schubkarren, Mistgabeln, Glasscherben, Flaschen, Nägel, Fahrräder u. Ä.) in Reichweite des Pferdes sind!
Auch ungewohnte laute Geräusche oder lästige Insekten im Sommer können das Pferd erheblich beunruhigen und verängstigen. Sofern die Möglichkeit besteht, bindet man es dann am besten im Stall an.
Achte vor allem auch darauf, dass es deinem Pferd nicht gelingen kann, sich oder einen Artgenossen zu „befreien". Frei herumlaufende Pferde sind eine große Gefahr!
Es gibt auch Pferde, die den Knoten ihres Stricks öffnen können, daher sollte man sich den Sicherheitsknoten angewöhnen.

☞ WISSENS-CHECK **ANBINDEN**

008

?	**Was ist über Anbindestrick, Führkette und Halfter zu sagen?**	✓	Sie müssen stabil und in einwandfreiem Zustand sein.
?	**Warum ist das so wichtig?**	✓	Weil sie erhebliche Belastungen aushalten müssen. Ein Pferd, das sich losreißt, kann Menschen und andere Pferde gefährden und schwere Unfälle verursachen.
?	**Wie muss der Anbindeknoten beschaffen sein?**	✓	Er muss sich leicht lösen lassen, darf aber nicht aufgehen, wenn das Pferd an ihm reißt.
?	**Was ist ein Panikhaken und warum ist er notwendig?**	✓	Der Panikhaken lässt sich mit einem einfachen Handgriff öffnen. Dies ist sehr wichtig, wenn ein Pferd rasch und ohne Gefahr losgemacht werden muss (z. B. bei Festliegen, Stallbrand usw.), damit es sich nicht in Panik hineinsteigert.
?	**Was ist die sicherste Art, ein Pferd im Stall anzubinden?**	✓	Das beidseitige Anbinden, das Spielereien, Untugenden und Gefahren verhindert
?	**In welcher Höhe ist der Anbindestrick anzubringen?**	✓	In Höhe des Buggelenks
?	**Wie lang sollte er sein?**	✓	So lang, dass das Pferd genügend Bewegungsfreiheit hat, aber kurz und hoch genug angebracht, dass es nicht in ihn hineintreten und sich verwickeln kann. Die Folgen wären Angst und Verletzungsgefahr.

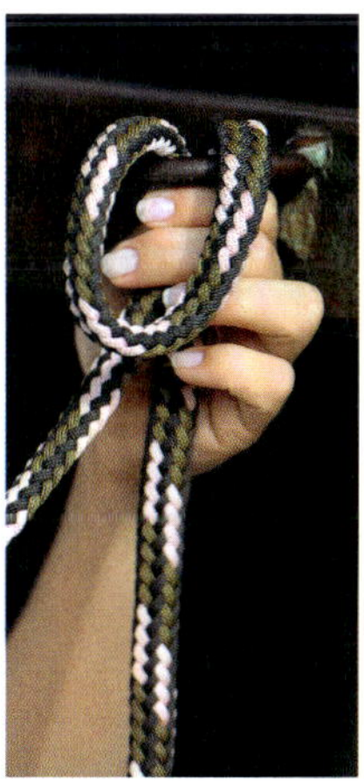

01

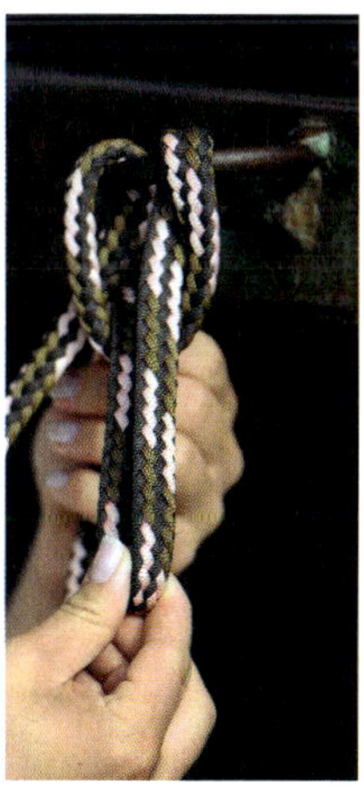

02

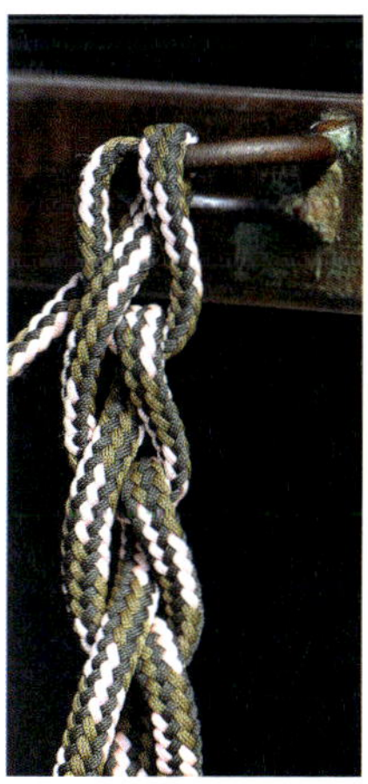

03

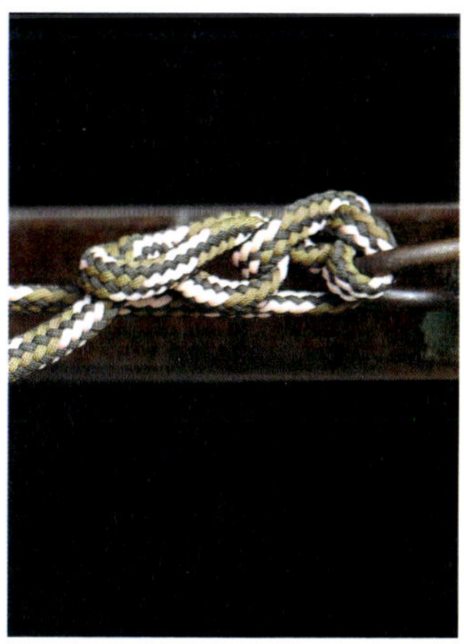

04 So sieht der richtige Anbindeknoten aus.

?	**Warum darf der Anbindestrick andererseits nicht zu kurz sein?**	✓	Ein zu kurz angebundenes Pferd wird leicht unruhig und beginnt, am Strick zu reißen.
?	**Wo ist ein Pferd anzubinden?**	✓	An einem stabilen Gegenstand, der nicht nachgibt, reißt oder bricht. Am besten eignet sich ein fest verankerter Anbindering.
?	**Wo darfst du ein Pferd auf keinen Fall anbinden?**	✓	An Geländern, Planken, Zäunen, Wasserrohren oder gar Stacheldraht! Ebenso wenig an Baumstämmen: Der Strick kann nach unten rutschen, das Pferd reißt dagegen oder tritt in ihn hinein.
?	**Wann darf man ein Pferd an den Gitterstäben einer Box anbinden?**	✓	Nur, wenn sich in dieser Box kein anderes Pferd aufhält (und niemals an der Boxentür!).
?	**Welche Gefahren bestehen, wenn sich ein Pferd in dieser Box befindet?**	✓	Streitereien oder spielerische Kontaktversuche können dazu führen, dass beide Pferde mit allen Mitteln versuchen, die Trennwand zu überwinden. Oder das in der Box stehende Pferd zieht den Anbindestrick zu sich herein und knabbert so lange darauf herum, bis er reißt.
?	**Worauf muss geachtet werden, wenn mehrere Pferde in der Stallgasse oder draußen angebunden sind?**	✓	Auf die Sicherheitsabstände: Weder die Köpfe noch die Hufe dürfen sich zu nahe kommen.
?	**Warum sollte man ein angebundenes Pferd nie längere Zeit ohne Aufsicht lassen?**	✓	Weil es alles Mögliche anstellen könnte, z. B. den Anbindestrick beknabbern, bis er reißt! Auch wenn es erschrickt, sollte jemand in der Nähe sein.

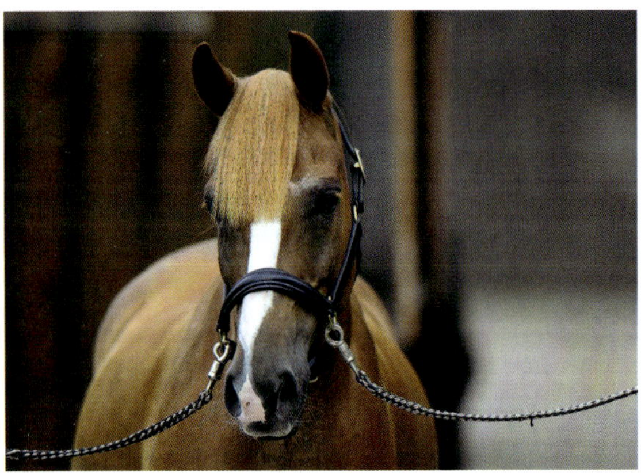

Am sichersten ist das beidseitige Anbinden. Hierfür werden die Panikhaken links und rechts in die Halfterringe eingeklinkt.

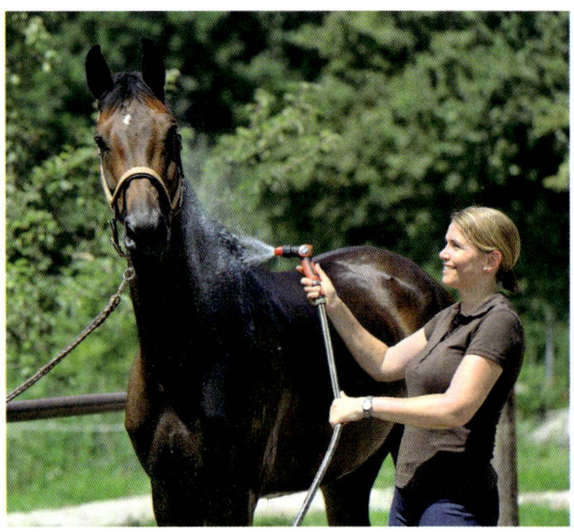

Auch beim Abspritzen sollte das Pferd sicher angebunden oder festgehalten werden.

PUTZEN UND PFLEGEN

Ein gut gepflegtes Pferd sieht nicht nur schöner aus, sondern fühlt sich auch wohler. Richtiges, sachgemäßes Putzen empfindet es als angenehm – es ersetzt bzw. ergänzt die Fellpflege in der Herde und trägt zur Vertrauensbildung zwischen Mensch und Tier bei.

Ungeschicktes oder gar schmerzhaftes Hantieren dagegen nimmt es mit Recht übel und reagiert mit Abneigung, Angst oder Abwehr.
Zum richtigen Putzen gehört das passende Putzzeug. Pferde sind verschieden: Manche mögen es, wenn man sie kräftig durchmassiert, andere reagieren empfindlich. Es gibt eine große Vielzahl an Putzutensilien für jeden Geschmack: Metallstriegel und sogenannte Fellkratzer, mit denen sich auch angetrockneter Schmutz entfernen lässt, Striegel aus Gummi oder Plastik, Kardätschen und weiche Putzhandschuhe aus Sisal oder Lammfell. Für empfindliche Pferde eignen sich besonders der Gummistriegel oder der Striegelhandschuh, der auf der einen Seite Noppen, auf der anderen Borsten hat. Das Putzzeug wird am besten in einer sauber gehaltenen Putzkiste aufbewahrt.

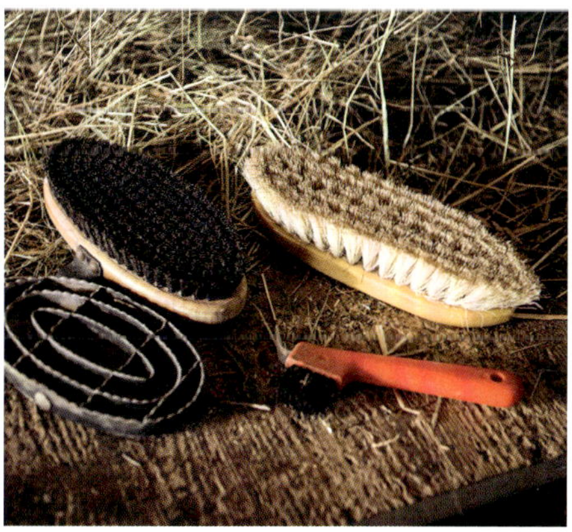

Die Mindestausstattung zum Pferdeputzen: Striegel, Wurzelbürste, Kardätsche und Hufauskratzer

Checkliste

PUTZEN UND VERSORGEN DES PFERDES

- ☐ Stell dich beim Putzen und Hufe auskratzen immer neben das Pferd, nie genau hinter die Hinterbeine. Auch das bravste Pferd kann einmal erschrecken und ausschlagen!
- ☐ Gründliches, tägliches Putzen ist wichtig.
- ☐ Stets von vorn nach hinten putzen!
- ☐ Knochige Körperteile nie mit dem Striegel behandeln!
- ☐ Das Pferd ist dankbar dafür, wenn man es, sobald es trocken ist, glatt putzt, um juckende Stellen zu verhindern.
- ☐ Nie nass geschwitzt in den Stall bringen! Vor allem im Winter ist ein Solarium (falls vorhanden) ein großer Vorzug.
- ☐ Das Pferd sollte immer in eine saubere Box zurückgestellt werden.
- ☐ Hufe vor dem Reiten nur auskratzen, nach dem Reiten gründlich pflegen!
- ☐ Die Hufe müssen alle sechs bis acht Wochen vom Hufschmied ausgeschnitten bzw. beschlagen werden.

☞ WISSENS-CHECK **PUTZEN UND PFLEGEN**

?	**Welche Gegenstände braucht man zum Putzen des Pferdes?**	✓	Striegel, Kardätsche, zwei Schwämme, Wolllappen, Hufkratzer (evtl. mit Hufbürste), Wurzelbürste, Huffett und Pinsel
?	**Wie oft wird ein Pferd geputzt und warum?**	✓	Einmal am Tag gründlich. Das dient der Reinigung, der Massage und dem allgemeinen Wohlbefinden.
?	**Wie geht man beim Putzen vor?**	✓	Man putzt immer von vorne nach hinten. Zuerst werden alle bemuskelten Körperteile mit dem Haarstrich und gegen ihn durchgestriegelt. Knochige Körperteile wie der Kopf, die Gliedmaßen vom Vorderfußwurzelgelenk und Sprunggelenk abwärts sowie ein hoher Widerrist und abstehende Hüftknochen sind für den Striegel tabu.
?	**Wie wird mit der Kardätsche geputzt?**	✓	Nach dem Durchstriegeln nimmt man für die linke Seite des Pferdes die Kardätsche in die linke, den Striegel in die rechte Hand, für die rechte Seite umgekehrt. In langen, ruhigen Strichen wird das Pferd gründlich durchgebürstet, die Kardätsche dabei immer wieder in Richtung Fingerspitzen am Striegel abgestrichen. Der Striegel wird von Zeit zu Zeit auf der angefeuchteten Stallgasse ausgeklopft, der Staub nach dem Putzen zusammengefegt, damit er nicht herumfliegt.

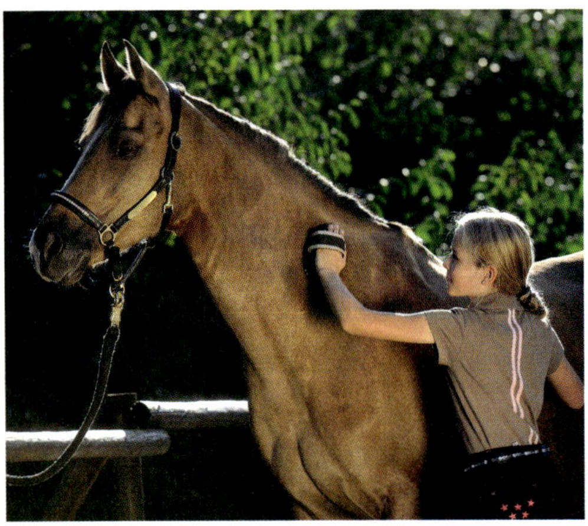

Mit dem Striegel wird vorsichtig in kreisenden Bewegungen von vorne nach hinten gestriegelt.

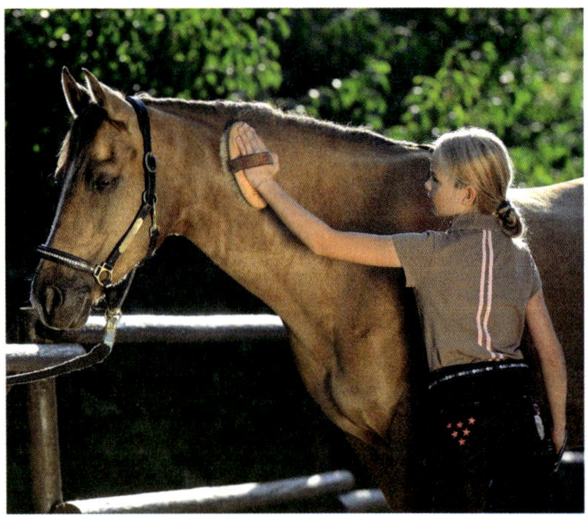

Die Kardätsche hält man in der Hand, die näher am Pferdekopf ist. Auf der linken Seite ist dies die linke Hand.

?	**Was folgt nach dem gründlichen Durchputzen?**	✓	Das Durchbürsten oder -kämmen der Mähne. Danach wird das Pferd mit dem Wolllappen abgerieben.
?	**Wozu braucht man zwei Schwämme?**	✓	Beim Menschen würden wir sagen: für oben und unten! Mit dem einen werden Augen und Nüstern, mit dem zweiten Geschlechtsteile, Euter, Unterseite der Schweifrübe und After gesäubert.
?	**Wie wird der Schweif gepflegt?**	✓	Er wird am besten mit der Hand verlesen und ab und zu gewaschen.
?	**Gibt es auch eine andere Möglichkeit der Schweifpflege?**	✓	Ja, das Kämmen und Bürsten. Das Verlesen ist jedoch für das Pferd viel angenehmer und schonender als das Kämmen oder Bürsten. Allerdings braucht man dafür viel Zeit. Beim Bürsten des Schweifs sollte man die Schweifhaare unterhalb der Schweifrübe festhalten, damit möglichst wenig Haare herausgerissen werden.
?	**Wie funktioniert das Verlesen?**	✓	Ich nehme den Schweif in eine Hand und umfasse ihn. Mit der anderen ziehe ich unterhalb der den Schweif haltenden Hand vorsichtig einzelne Haare heraus und entwirre Knoten. Man braucht dafür viel Zeit, aber der Schweif sieht nachher wunderschön locker aus.
?	**Wie säubert man stark verschmutzte Beine?**	✓	Durch Abwaschen bzw. Abspritzen. Danach werden sie abgetrocknet oder mit der Hand abgestreift.

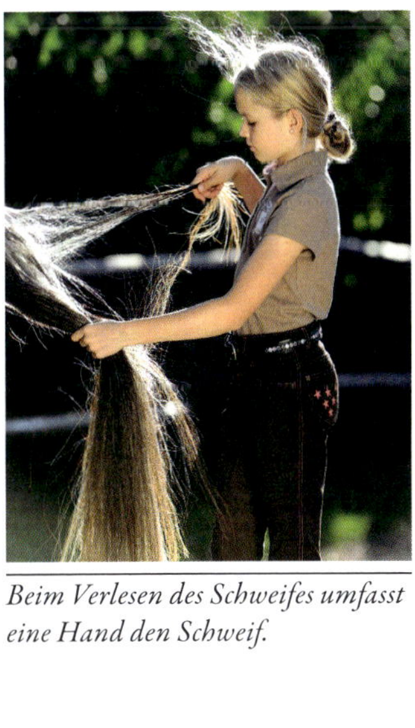

Beim Verlesen des Schweifes umfasst eine Hand den Schweif.

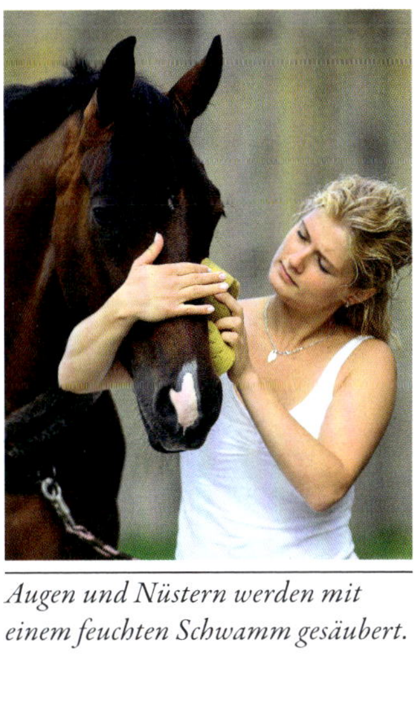

Augen und Nüstern werden mit einem feuchten Schwamm gesäubert.

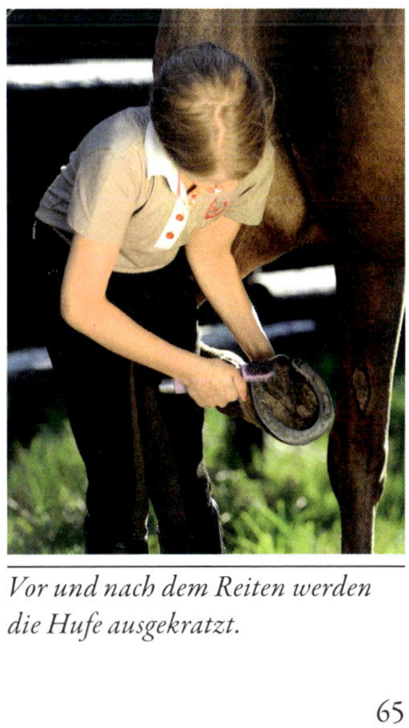

Vor und nach dem Reiten werden die Hufe ausgekratzt.

?	**Wie werden die Hufe vor dem Reiten behandelt?**	✓	Sie werden lediglich ausgekratzt.
?	**Wie pflegt man sie nach dem Reiten?**	✓	Bei warmem, trockenem Wetter werden sie gewaschen und einschließlich der Sohle eingefettet, solange sie noch feucht sind. Bei feuchtem Wetter genügt es, den Huf zu säubern. Die Glasurschicht des Hufes niemals mit einem harten, scharfen Gegenstand bearbeiten – sie ist der natürliche Schutz der Hornwand!
?	**Wie wird das Pferd nach dem Reiten versorgt?**	✓	Gesicht, Sattellage und die Schweißstellen zwischen den Beinen werden mit einem feuchten Schwamm gesäubert. Sobald sie trocken sind, wird das Pferd glatt geputzt.
?	**Gibt es weitere Möglichkeiten, ein nassgeschwitztes Pferd zu versorgen?**	✓	Im Wesentlichen drei Möglichkeiten: — So lange Schritt reiten, bis es abgeschwitzt hat. — Ohne Sattel trocken führen. — Abwaschen, mit dem Schweißmesser abziehen, dann trocken führen.
?	**Wie wird ein verschwitztes Pferd bei kühlem Wetter versorgt?**	✓	Grundsätzlich: Bei kühlem Wetter nicht nass reiten! Passiert es trotzdem, reibt man das Pferd mit Stroh trocken. Die Strohwische werden dabei in großen, gegeneinanderlaufenden Bögen geführt und durch trockene ersetzt, sobald sie feucht sind.
?	**Gibt es weitere Möglichkeiten, ein nassgeschwitztes Pferd zu versorgen?**	✓	Ja, das Auflegen einer Abschwitzdecke oder – wenn möglich – das Trocknen unter dem Solarium
?	**Was kann man gegen das Nachschwitzen tun?**	✓	Stroh unter die Decke legen. Später nachsehen, ob das Pferd trocken ist.
?	**Worauf ist zu achten, wenn man das Pferd nach dem Reiten in die Box bringt?**	✓	Pferdeäpfel werden aus der Streu herausgenommen, das Stroh wird aufgeschüttelt. Die Box soll sauber und „wohnlich" sein – dein Pferd hat das verdient! Dieselben Maßnahmen zur Versorgung und Pflege des Pferdes gelten auch für ein Pferd, das du von der Weide wieder in den Stall bringst und das verschmutzt oder verschwitzt ist. Wichtig: Die Hufe auf kleine Steine, Nägel o. Ä. untersuchen und von ihnen befreien.

UNFALLVERHÜTUNG

009

Du musst über das Verhalten des Pferdes sehr genau Bescheid wissen. Du kannst viel lernen, wenn du Pferde auf der Weide und im Stall beobachtest. Zusammen mit Umsicht, Übersicht und Vorsicht ist dies der beste Schutz gegen Unfälle.

Ein Kurs in Erster Hilfe ist zwar für den Pferdeführerschein Umgang nicht vorgeschrieben, aber sehr zu empfehlen. Falls trotz aller Vorsicht ein Unfall passiert, bist du in der Lage, das Richtige zu tun. Du kannst diese Kenntnisse bei Unfällen jeder Art gebrauchen. Die meisten Unfälle passieren aus falscher Einschätzung der Situation und möglichem Leichtsinn durch Unkenntnis. Lass dir deshalb von erfahrenen Pferdemenschen helfen, wenn du unsicher bist, und gehe kein unnötiges Risiko ein.

SO VERMEIDET MAN UNFÄLLE:

- Wissen über das Pferd und Erkennen seines Verhaltens
- Vorsicht, Umsicht, Übersicht
- Einhalten der Sicherheitsabstände
- Ansprechen beim Herantreten
- Richtige Fütterung und ausreichend Bewegung
- Ruhiges Verhalten im Umgang mit Pferden (Bewegungen, Stimme)
- Tragen von festem Schuhwerk

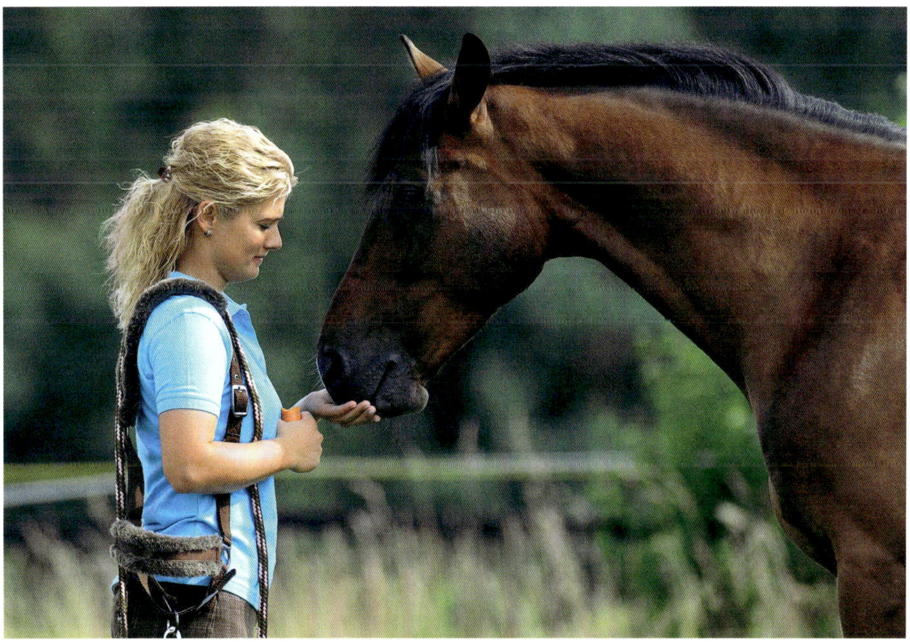

Ein ruhiger, entspannter Umgang gibt dem Pferd Sicherheit.

☞ WISSENS-CHECK **UNFALLVERHÜTUNG**

?	**Welches sind die Hauptursachen für Unfälle mit dem Pferd?**	✓	Unwissenheit, Leichtsinn und daraus resultierender falscher Umgang mit dem Pferd
?	**Was muss beim Führen hinter anderen Pferden vor allem beachtet werden?**	✓	Das Einhalten des Sicherheitsabstandes von zwei Pferdelängen
?	**Was ist oberstes Gebot, wenn du dich einem Pferd näherst?**	✓	Dass ich es ruhig und vernehmbar anspreche.
?	**Warum kann es gefährlich werden, wenn ein Pferd zu viel Hafer bekommt und/oder nicht genügend Bewegung hat?**	✓	Es wird dann übermütig und unberechenbar. Man sagt: „Ihn (od. sie) sticht der Hafer!"
?	**Weshalb sind im Umgang mit Pferden hastige Bewegungen und unnötige laute Geräusche unbedingt zu vermeiden?**	✓	Weil Pferde dadurch leicht erschrecken und unberechenbar reagieren.
?	**Darf man beim Umgang mit dem Pferd leichtes Schuhwerk wie Sandalen tragen?**	✓	Niemals, weil ein Huftritt auf die ungeschützten Füße sehr weh tun und böse Verletzungen zur Folge haben kann.

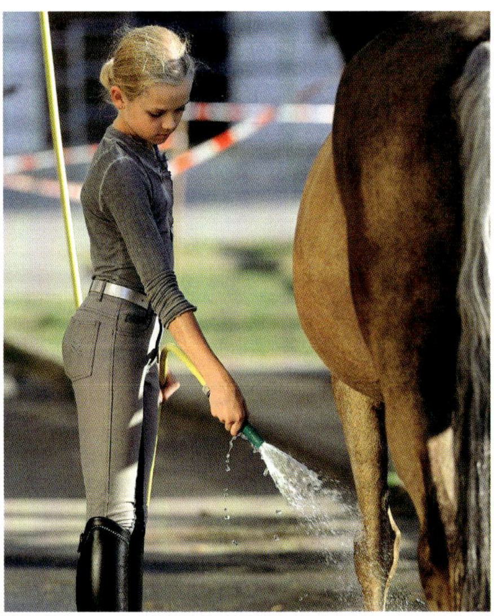

Vorsichtiges Abspritzen der Pferdebeine

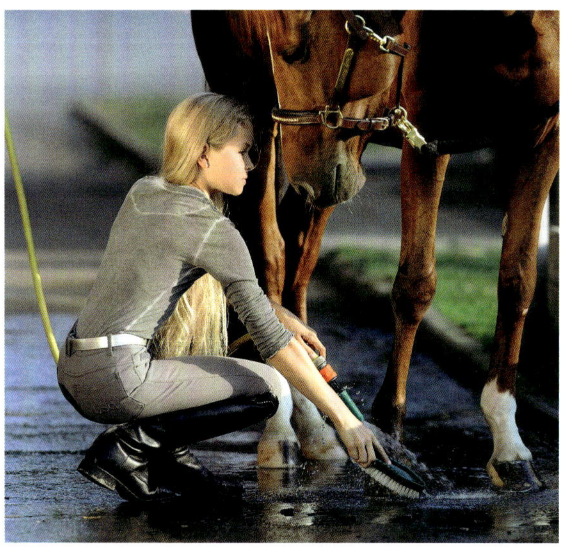

Wichtig ist das gegenseitige Vertrauen.

TIERSCHUTZ

Es ist zu begrüßen, dass in unserer Zeit Tier- und Naturschutz eine immer größere Bedeutung gewinnen und dass Verstöße gegen das Tierschutzgesetz streng geahndet werden.

Das Pferd wird heute als Partner betrachtet, der Mensch in die Verantwortung genommen, was gegenüber dem jahrtausendelangen Arbeits-, Sport- und Lebensgefährten längst überfällig war. Ausdruck dieser Entwicklung ist auch die von der FN herausgegebene Broschüre „Die ethischen Grundsätze des Pferdefreundes".

DIE NEUN ETHISCHEN GRUNDSÄTZE DES PFERDEFREUNDES LAUTEN

1. Wer auch immer sich mit dem Pferd beschäftigt, übernimmt die Verantwortung für das ihm anvertraute Lebewesen.
2. Die Haltung des Pferdes muss seinen natürlichen Bedürfnissen angepasst sein.
3. Der physischen wie psychischen Gesundheit des Pferdes ist unabhängig von seiner Nutzung oberste Bedeutung einzuräumen.
4. Der Mensch hat jedes Pferd gleich zu achten, unabhängig von dessen – Rasse, Alter und Geschlecht sowie Einsatz in Zucht, Freizeit oder Sport.
5. Das Wissen um die Geschichte des Pferdes, um seine Bedürfnisse sowie die Kenntnisse im Umgang mit dem Pferd sind kulturgeschichtliche Güter. Diese gilt es, zu wahren, zu vermitteln und zu überliefern.

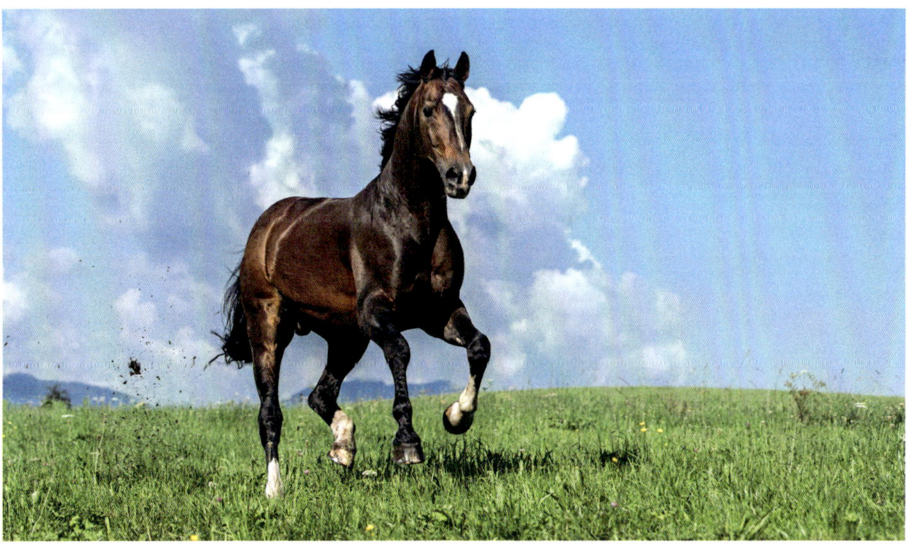

Zu einer pferdegerechten Haltung gehört freier Auslauf auf der Weide.

AUSZUG AUS DEM TIERSCHUTZ-GESETZ

Gebote

Der Tierhalter hat für artgemäße Nahrung, Pflege, Unterbringung und Bewegung zu sorgen. Ein Wirbeltier darf nur unter Vermeidung von Schmerzen getötet werden. Eingriffe, die mit Schmerzen verbunden sind, müssen unter Betäubung vorgenommen werden.

Verbote

Es ist verboten, einem Tier ohne vernünftigen Grund Schmerzen, Leiden oder Schäden zuzufügen, ihm, außer in Notfällen, Leistungen abzuverlangen, denen es nicht gewachsen ist, ein gebrechliches, krankes oder altes Tier zu einem anderen Zweck als zur unverzüglichen, schmerzlosen Tötung zu veräußern oder zu erwerben, ihm Futter zu geben, das Schmerzen, Leiden oder Schäden verursacht.

6. Der Umgang mit dem Pferd hat eine persönlichkeitsprägende Bedeutung gerade für junge Menschen. Diese Bedeutung ist stets zu beachten und zu fördern.
7. Der Mensch, der gemeinsam mit dem Pferd Sport betreibt, hat sich und das ihm anvertraute Pferd einer Ausbildung zu unterziehen. Ziel jeder Ausbildung ist die größtmögliche Harmonie zwischen Mensch und Pferd.
8. Die Nutzung des Pferdes im Leistungs- sowie im allgemeinen Reit-, Fahr- und Voltigiersport muss sich an seiner Veranlagung, seinem Leistungsvermögen und seiner Leistungsbereitschaft orientieren. Die Beeinflussung des Leistungsvermögens durch medikamentöse sowie nicht pferdegerechte Einwirkung des Menschen ist abzulehnen und muss geahndet werden.
9. Die Verantwortung des Menschen für das ihm anvertraute Pferd erstreckt sich auch auf das Lebensende des Pferdes. Dieser Verantwortung muss der Mensch stets im Sinne des Pferdes gerecht werden.

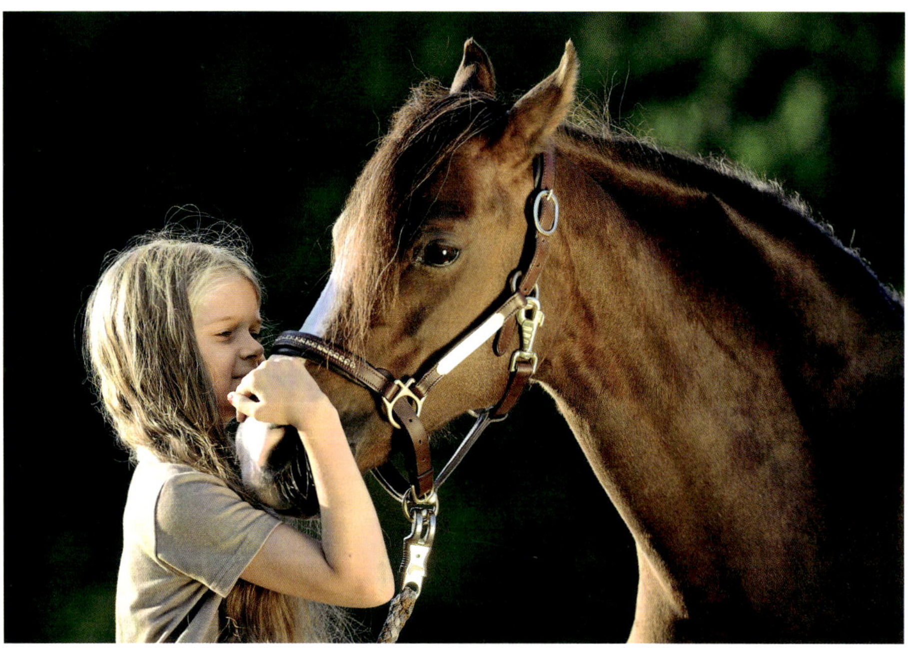

Der Umgang mit dem Pferd hat eine persönlichkeitsprägende Bedeutung, gerade für junge Menschen.

☞ WISSENS-CHECK **TIERSCHUTZ**

?	**Wo sind die Gesetze zum Schutz der Tiere niedergeschrieben?**	✓	Im Tierschutzgesetz
?	**Was besagt der erste Paragraph oder Abschnitt dieses Gesetzes?**	✓	Dass niemand einem Tier ohne vernünftigen Grund Schmerzen, Leiden und Schäden zufügen darf.
?	**Wie hoch können die Höchststrafen für den Verstoß gegen das Tierschutzgesetz sein?**	✓	Sie liegen bei Freiheitsstrafen bis zu drei Jahren und Geldstrafen bis zu 25.000 €.
?	**Was ist artgerechte Haltung?**	✓	Die Haltung, die der Natur des Pferdes entspricht, also Haltung in einem großen, hellen, luftigen und sauberen Stall, Kontakt zu anderen Pferden, gründliche, angemessene Pflege und Fütterung sowie ausreichend Bewegung.
?	**Was wären Beispiele für Tierquälerei?**	✓	Wenn ein Besitzer sein Pferd tagelang verdreckt und schweißverklebt in einer engen Box stehen lässt, wenn er es ohne Gesellschaft in „Einzelhaft" hält oder für Dinge bestraft, die es nicht leisten bzw. nicht verstehen kann.
?	**In welchem Fall ist das Einwirken mit scharfen Sporen und Gebissen ein Verstoß gegen die artgerechte Behandlung des Pferdes?**	✓	Wenn sie unsachgemäß eingesetzt werden und dadurch Schmerzen verursachen.
?	**Wann verstößt das Reiten mit Schlaufzügeln und anderen Hebelübersetzungen gegen das Tierschutzgesetz?**	✓	Wenn der Reiter mit ihrer Hilfe Genick und Hals des Pferdes gewaltsam in eine Hyperflexion (Rollkur) bringt.
?	**Ist das übertriebene Beizäumen des Pferdes (bis die Nase fast an der Brust ist) gerechtfertigt, wenn dies ein sehr erfolgreicher Reiter tut?**	✓	Nein, das widerspricht allen Grundsätzen korrekter und pferdegerechter Ausbildung.
?	**Warum verstößt mangelnde Bewegung gegen das Tierschutzgesetz?**	✓	Weil Bewegung zu den Grundbedürfnissen des Pferdes gehört.
?	**Braucht ein Pferd den üblichen Stehtag einmal in der Woche?**	✓	Nein, im Gegenteil. Es braucht jeden Tag ausreichend Bewegung.
?	**Ist eine Stunde Bewegung am Tag ausreichend?**	✓	Nein, es muss für Zusatzbewegung gesorgt werden.

VON AUFTRENSEN
— *bis Verladen*

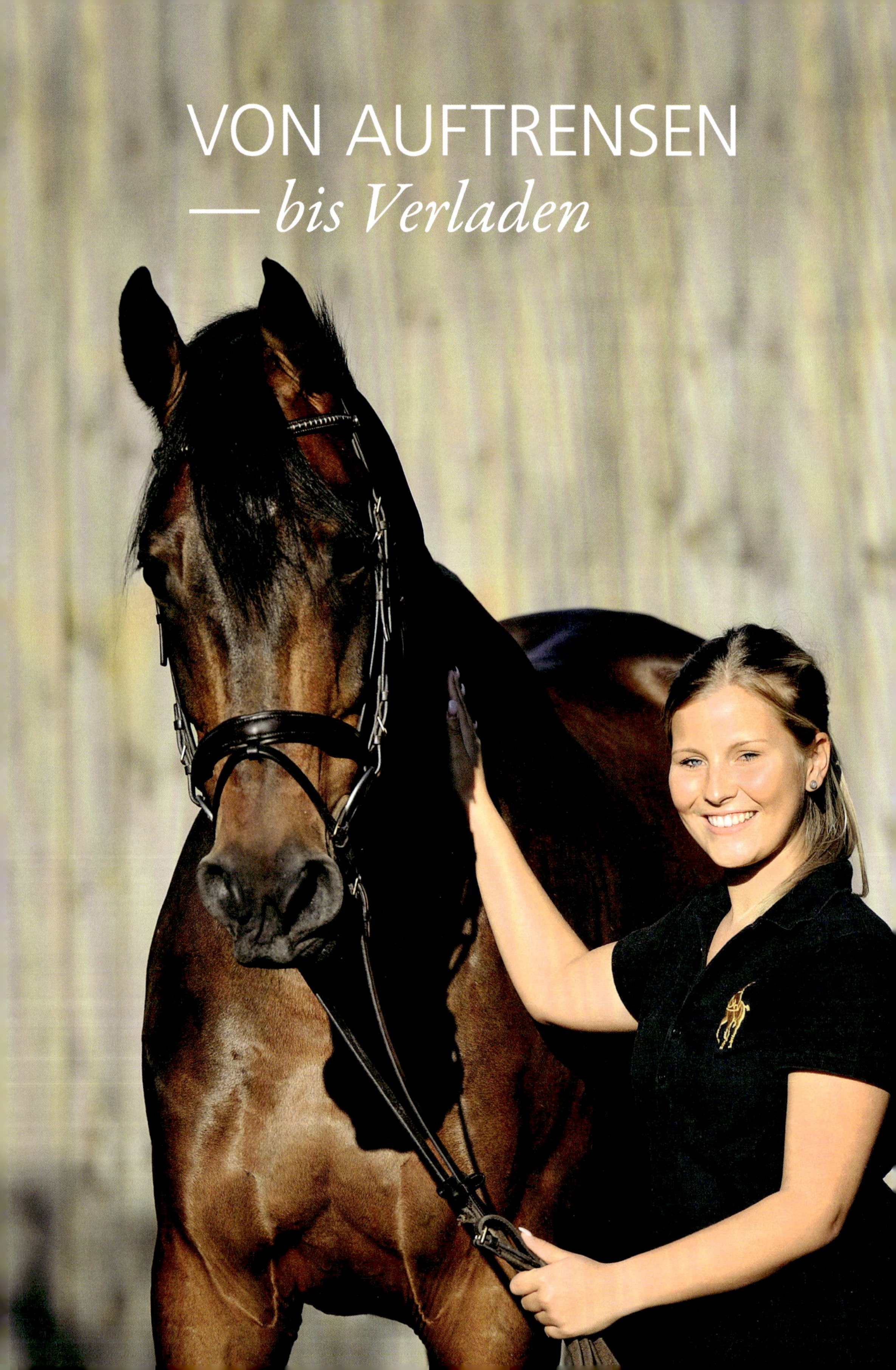

DIE RICHTIGEN HANDGRIFFE LERNEN

Sattel und Trense müssen in einwandfreiem Zustand und gut gepflegt, aber auch passend und richtig aufgelegt sein. Das Handwerkszeug muss stimmen. Die Ausrüstung möglichst billig einzukaufen, wäre Sparen am falschen Platz.

Eine nicht passende, falsch verschnallte oder falsch angelegte Trense kann im empfindlichen Kopfbereich zu wunden Stellen oder Atembehinderung führen, ein nicht passender, unsachgemäß aufgelegter Sattel oder eine ungeeignete, Falten werfende Unterlage zu Druckstellen am ebenso empfindlichen Rücken. Das ist für das Pferd sehr unangenehm bis schmerzhaft und führt dadurch auch zur Gefährdung des Reiters. Der einwandfreie Zustand aller Ausrüstungsgegenstände gibt wichtige Aufschlüsse über das Niveau des Stalles und die Haltung der Pferde. Ein Blick in die Sattelkammer lohnt sich allemal! Solides, stabiles und pferdefreundliches Material ist wichtiger als irgendwelche Modetrends! Nicht alles, was modern ist, ist automatisch gut. Der Reitlehrer oder der qualifizierte Fachhändler wird den Unerfahrenen beim Kauf gern beraten.

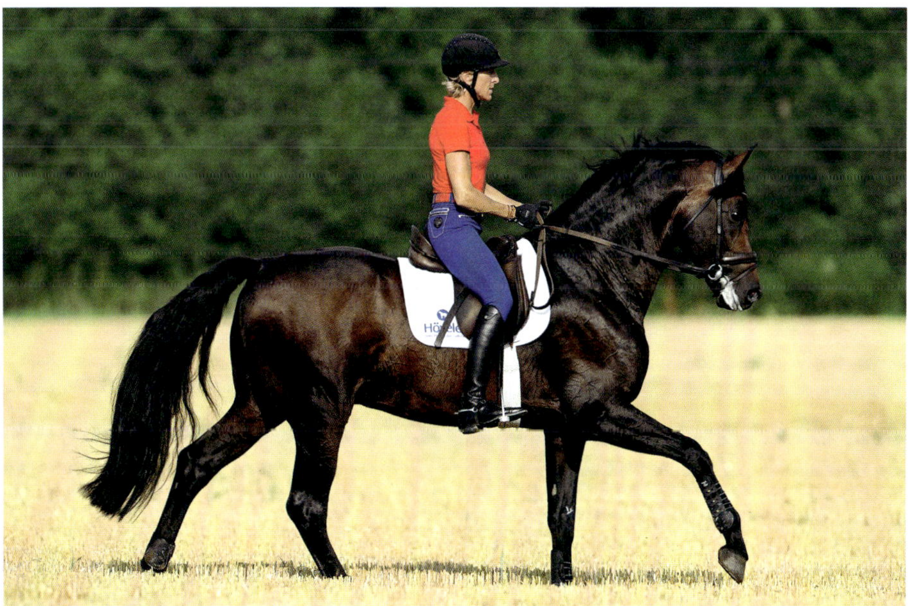

Dressursättel mit wenig Pauschen lassen den Reiter gut mitschwingen.

RICHTIG SATTELN LERNEN

Zum Satteln wird der Sattel auf den linken Arm genommen, der Gurt ist von rechts nach links übergeschlagen. Das Pferd ansprechen und nach rechts zur Seite treten lassen!

Der Sattel wird möglichst weit vorne sanft aufgelegt, dann nach hinten in die Sattellage geschoben, sodass das Fell glatt ist. Er liegt richtig, wenn zwischen der vorderen Kante des Gurts und dem Ellenbogenhöcker eine Handbreit Platz ist. Dann die Sattelunterlage nach oben in die Sattelkammer schieben, evtl. Mähnenhaare herausziehen, auf die rechte Seite gehen und kontrollieren, ob Sattel und Unterlage glatt liegen! Zuletzt wird der Gurt heruntergelassen und an der linken Seite (anfangs nur locker!) angezogen.

INFOS ZUM SATTEL

- Der für alle Zwecke übliche Sattel heißt Vielseitigkeitssattel.
- Der tiefste Punkt des Sattels liegt in der Mitte der Sitzfläche.
- Der Sattel muss an allen Stellen gleichmäßig aufliegen.
- Die Sattelkammer muss hoch genug sein, um Satteldruck zu verhindern.
- Die Sattelunterlage muss atmungs-, saugfähig, pflegeleicht sein und den Rücken gut polstern.

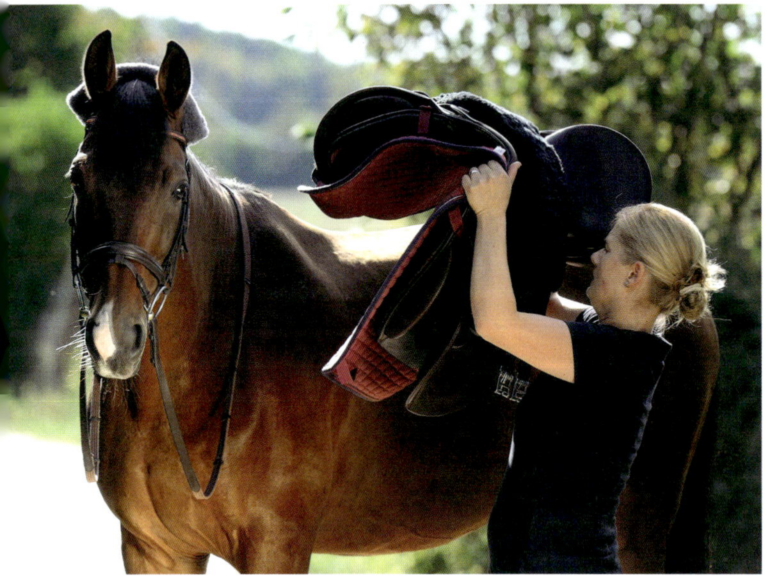

Behutsames Auflegen des Sattels von der linken Seite. Das Pferd sollte allerdings gesichert und festgehalten werden.

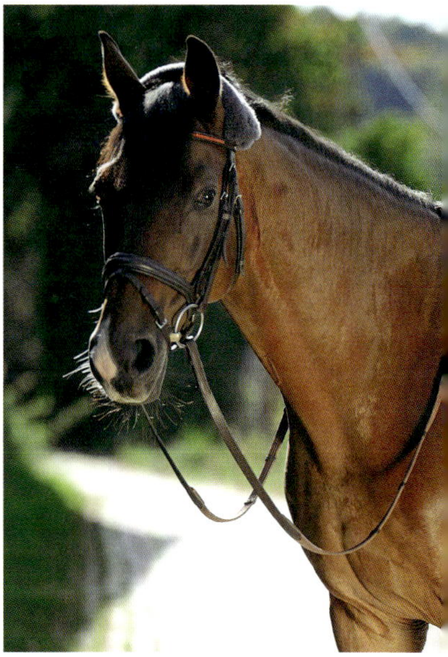

Heranholen des Sattelgurtes vor dem Angurten.

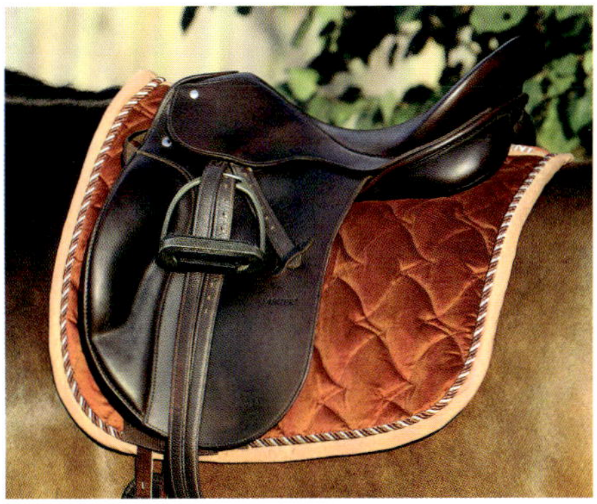

Dressursattel mit langem Sattelblatt

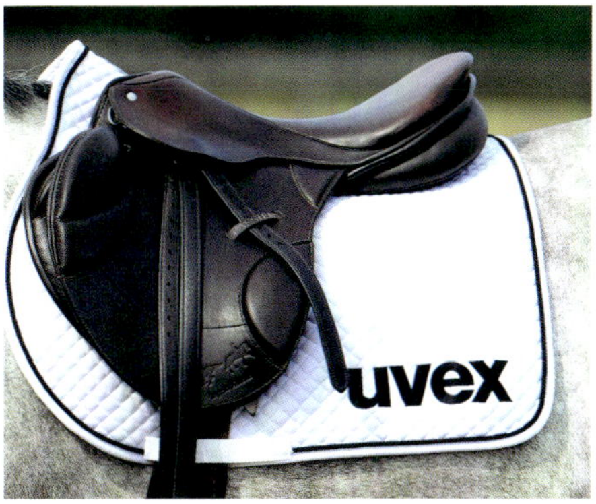

Springsattel mit Pauschen

DIE WICHTIGSTEN HANDGRIFFE BEIM SATTELN

- Sattelgurt von rechts nach links überschlagen.
- Sattel auf dem linken Arm tragen.
- Pferd ansprechen, nach rechts treten lassen.
- Sattel weit vorne über dem Widerrist sanft auflegen.
- Nach hinten in die Sattellage schieben, das Fell muss glatt liegen, sonst kann es zu Druckstellen kommen.
- Lage: eine Handbreit Platz zwischen Vorderkante des Sattelgurts und Ellenbogenhöcker
- Sattelunterlage nach oben in die Sattelkammer schieben.
- Kontrolle von der rechten Seite: Liegen Sattel und Unterlage glatt?
- Sattelgurt herunterlassen, links locker anziehen.
- Abgesattelt und abgetrenst wird in umgekehrter Reihenfolge wie beim Aufsatteln und Auftrensen.

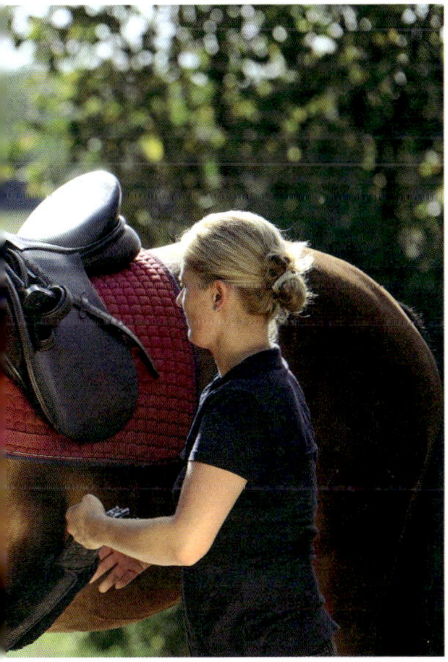

Auch hier wäre der Arm durch den Zügel zum Sichern wichtig.

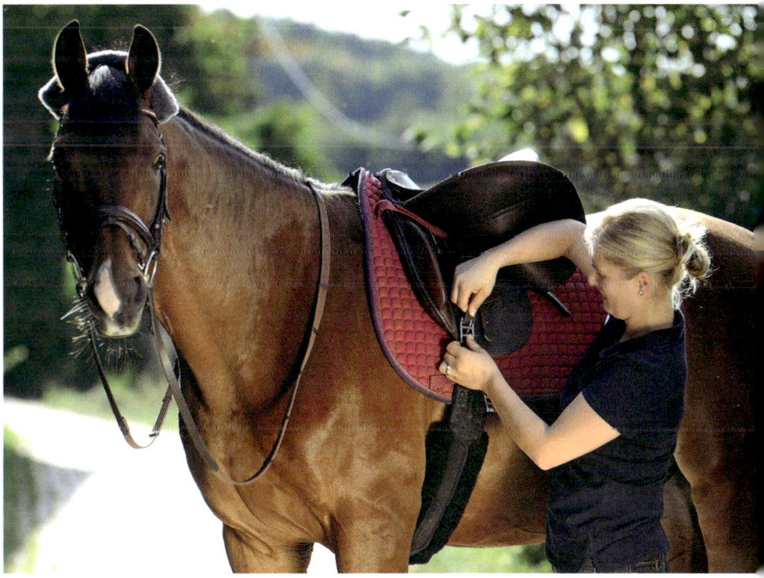

Der Sattelgurt wird durch die Gurtstrippen gezogen. Vorsicht, Pferd am Zügel festhalten.

WISSENS-CHECK **SATTEL**

?	Welches sind die gängigen Sattelarten?	✓	Dressur-, Spring- und Vielseitigkeitssattel. Neben den drei konventionellen Satteltypen gibt es viele weitere Sattelarten, die in anderen Sparten der Reiterei verwendet werden. Bekannte Beispiele sind Westernsattel, Rennsattel, Damen-, Gangpferde-, Treckingsattel usw.
?	Wodurch unterscheiden sich Dressur- und Springsattel?	✓	Beim Springsattel ist die Knielage wegen der kurzen Bügel weit vorgebaut, beim Dressursattel wegen der längeren Bügel weniger weit. Das Sattelblatt des Dressursattels ist länger als das des Springsattels, damit der Reiter bei langen Bügeln nicht mit dem oberen Stiefelrand an der unteren Kante des Sattelblatts hängen bleibt und es in die Höhe schiebt.
?	Wie heißt der für alle Zwecke übliche Sattel?	✓	Vielseitigkeitssattel
?	Aus welchen Teilen besteht der Sattel?	✓	Sattelkammer, Schweißblatt, Sattelgurt, Vorderzwiesel, Sitzfläche, Hinterzwiesel, Sattelpolster, Sattelblatt, Pauschen, Steigbügelriemen, Steigbügel, Gurtstrippen

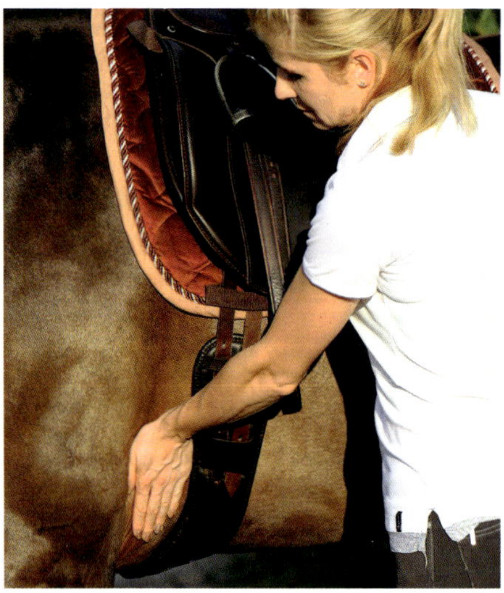

Zwischen Vorderkante des Sattelgurts und Ellenbogenhöcker muss eine Handbreit Platz sein.

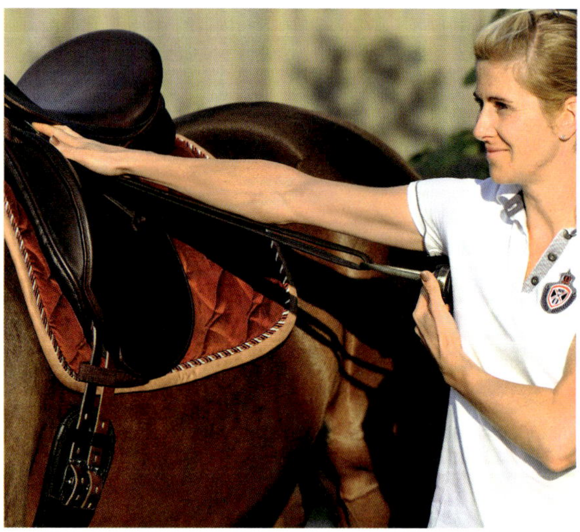

Die passende Steigbügellänge reicht ca. von den Fingerspitzen bis zur Achselhöhle.

?	**Wo liegt der tiefste Punkt des Sattels?**	✓	In der Mitte der Sitzfläche
?	**Worauf muss bei der Sattelkammer besonders geachtet werden?**	✓	Sie muss hoch genug sein, also genügend Raum für den Widerrist haben, damit kein Satteldruck entsteht.
?	**Wie soll die Sattelunterlage beschaffen sein?**	✓	Sie sollte atmungs-, saugfähig, leicht zu reinigen sein und den Pferderücken gut abpolstern.
?	**Was ist über die Steigbügel zu sagen?**	✓	Sie müssen groß und schwer sein, damit der Reiter beim Fallen rasch aus den Bügeln herauskommt. Wenn er sie beim Reiten verliert, kann er sie schnell wieder aufnehmen. Schwere Bügel, die nach unten ziehen, erleichtern das.
?	**Warum befinden sich am Sattel drei Gurtstrippen?**	✓	Man braucht zwei Gurtstrippen, um den Sattelgurt hindurchzuziehen. Die dritte dient als Ersatzstrippe oder zur Korrektur des Sattels.
?	**Was wird zuerst aufgelegt: Trense oder Sattel?**	✓	Wenn das Pferd angebunden ist, zuerst der Sattel. Ist es nicht angebunden (Box, Weide), wird zuerst getrenst, um ein Weglaufen des Pferdes zu verhindern.
?	**Womit beginnt man beim Satteln?**	✓	Ich nehme den Sattel auf den linken Arm, der Sattelgurt ist von rechts nach links übergeschlagen. Bevor ich an das Pferd herantrete, spreche ich es ruhig an und veranlasse es, nach rechts zur Seite zu treten. Ich lege den Sattel sanft und möglichst weit vorne auf und schiebe ihn dann nach hinten in die Sattellage, sodass das Fell glatt liegt.
?	**Wie liegt der Sattel richtig?**	✓	Wenn zwischen der vorderen Kante des Sattelgurts und dem Ellenbogenhöcker eine Handbreit Platz ist.
?	**Wie wird das Satteln beendet?**	✓	Die Sattelunterlage wird nach oben in die Sattelkammer geschoben, eventuell unter den Sattel gerutschte Mähnenhaare werden wieder nach vorn gezogen. Man geht auf die rechte Seite, um nachzusehen, ob Sattel und Unterlage wirklich glatt liegen. Dann lässt man den Sattelgurt herunter und schnallt ihn auf der linken Seite fest – doch anfangs nur locker, damit das Pferd sich nicht verkrampft.

010 RICHTIG AUFTRENSEN

Das richtige und geschickte Auftrensen ist eine wichtige Fertigkeit, die du dir zeigen lässt und die du einüben musst. Auch hier kannst du wieder ohne Pferd üben, indem du dir alle Handgriffe – auch anhand von Text und Abbildungen – intensiv vorstellst, sie mental, also in Gedanken, so übst, dass sie dir in Fleisch und Blut übergehen.

Die Trense besteht aus angepassten und verschnallbaren Teilen: Gebiss, Nasen- und Stirnriemen müssen in der Breite dem Pferd angepasst sein, die anderen Teile sind an der Genick- oder Backenschnalle verstellbar. Zum Auftrensen gehst du auf die linke Seite des Pferdes, legst die Zügel über den Hals, hältst Kopfstück und Nasenriemen in der rechten Hand, legst den Handballen über die Nase des Pferdes und schiebst mit der linken Hand das Trensengebiss ins Maul. Pferden, die beim Auftrensen weglaufen wollen, legt man das Halfter wie einen Halsriemen um. Will ein Pferd das Maul nicht aufmachen, steckst du den Daumen in die zahnlose obere Maulspalte. Dann wird das Genickstück vorsichtig über die Ohren geschoben und die Schopfhaare über das Stirnband gelegt; Letzteres muss gerade sein und darf die Ohren nicht einklemmen.

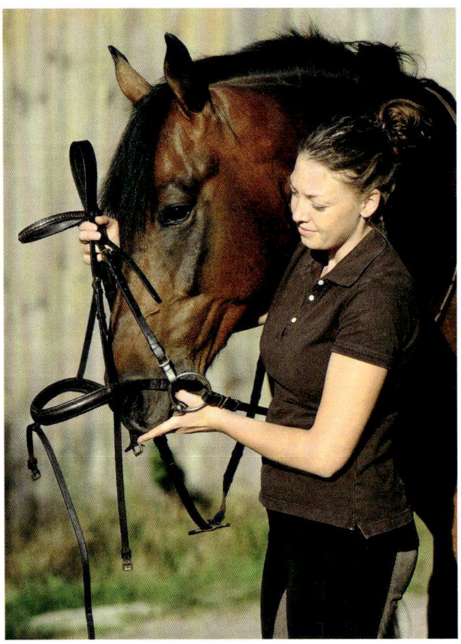

Das Gebiss wird vorsichtig ins Maul geschoben, so dass es nicht an die Zähne stößt.

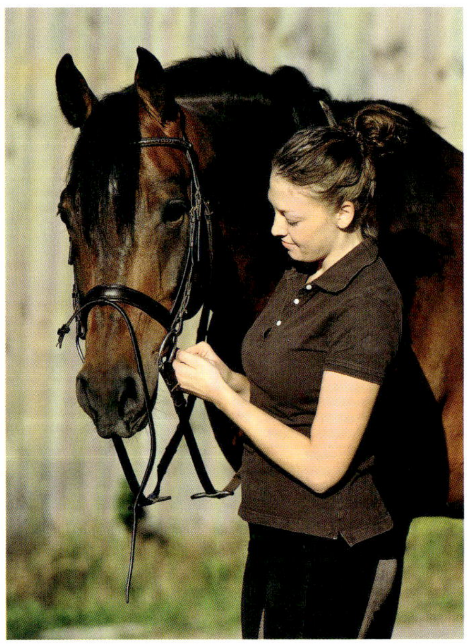

Das Reithalfter wird so verschnallt, dass zwei Finger darunter Platz haben.

AUFTRENSEN

— Auf die linke Seite des Pferdes gehen.
— Zügel über den Hals legen.
— Kopfstück und Nasenriemen in der rechten Hand halten.
— Den Handballen über die Pferdenase legen und mit der linken Hand die Trense ins Maul schieben. Wenn das Pferd das Maul nicht aufmachen will, steckst du den Daumen in die zahnlose obere Maulspalte – es wird dann das Maul öffnen!
— Genickstück über die Ohren ziehen, Schopfhaare über das Stirnband legen.
— Der Stirnriemen muss gerade sein und darf die Ohren nicht einklemmen!
— Stirnriemen, Nasenriemen und Gebiss müssen korrekt waagerecht sitzen.
— Nasenriemen/Sperrriemen schließen.
— Pferden, die beim Auftrensen leicht weglaufen, legt man das Halfter wie einen Halsriemen um.
— Das Trensengebiss muss nach dem Abtrensen ausgewaschen werden!

☞ WISSENS-CHECK **TRENSE**

? **Wie werden die einzelnen Teile der Trense benannt?**

✓ Am Beispiel des kombinierten Reithalfters (s. Foto S. 74): Stirnband, Backenstück, Nasenriemen, Sperrriemen, Genickstück, Kehlriemen, Gebiss (Trense), Zügel

? **An welcher Seite ist die längere Zügelhälfte eingeschnallt?**

✓ Links, weil der linke Zügel den längeren Bogen macht, wenn das Zügelende korrekt nach rechts genommen wird.

? **Wie lassen sich im Unterschied zum kombinierten Reithalfter das englische und das hannoversche Reithalfter beschreiben?**

✓ Beide haben keinen Sperr-, sondern einen Nasenriemen, der beim englischen Reithalfter etwas breiter und stärker ist als beim hannoverschen und so oberhalb des Trensengebisses geschnallt ist, dass er knapp uber dem Jochbein liegt. Es wird vor allem bei der Kandarenzäumung benutzt. Beim hannoverschen Reithalfter soll der Nasenriemen ca. vier Finger breit über dem oberen Nüsternrand liegen. Zwischen Nasenriemen und Nasenbein müssen mindestens zwei Finger bequem Platz finden. Auf keinen Fall darf die Atmung des Pferdes beeinträchtigt werden.

? **Welche Teile müssen dem Pferd angepasst sein, welche lassen sich verschnallen?**

✓ Gebiss, Nasen- und Stirnriemen müssen in der Breite dem Pferd angepasst sein. Die anderen Teile lassen sich an der Genick- oder Backenschnalle verstellen.

?	**Wie wird eine auseinandergeschnallte Trense zusammengesetzt und dem Pferd angepasst?**	✓	Zum Abmessen wird eine Schnur verwendet: An den entsprechenden Stellen wird ein Knoten gemacht, z. B. von Maulwinkel zu Maulwinkel über das Genick oder von Maulwinkel zu Maulwinkel über den Nasenrücken. Ebenso wird das genaue Maß für die notwendige Gebissbreite und den Stirnriemen genommen. Die verschnallbaren Teile können am aufgezäumten Pferd passend gemacht werden.
?	**Wie dick muss das Trensengebiss am Maulwinkel sein?**	✓	Mind. 14 Millimeter
?	**Was sind die wichtigsten gängigen Reithalfter?**	✓	Das hannoversche, das englische und das kombinierte Reithalfter
?	**Kennst du weitere Reithalfterarten?**	✓	Das Bügelreithalfter, das schwedische und das mexikanische Reithalfter
?	**Wie beginnt man mit dem Auftrensen des Pferdes?**	✓	Ich stelle mich auf seine linke Seite, lege die Zügel über den Hals, halte Kopfstück, Zügelschnalle und Nasenriemen in der rechten Hand und lege den Handballen über die Nase des Pferdes. Die linke Hand schiebt das Trensengebiss ins Maul.

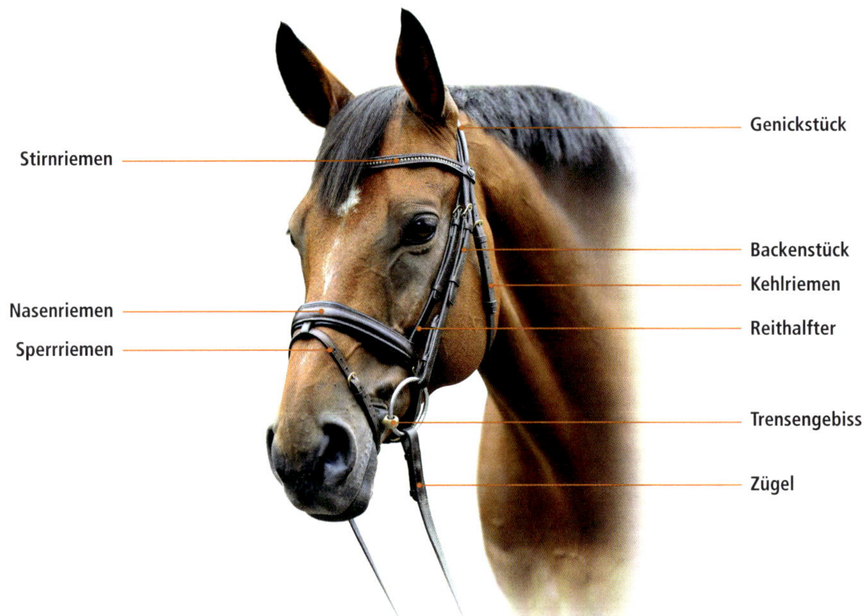

So sitzt das kombinierte Reithalfter richtig.

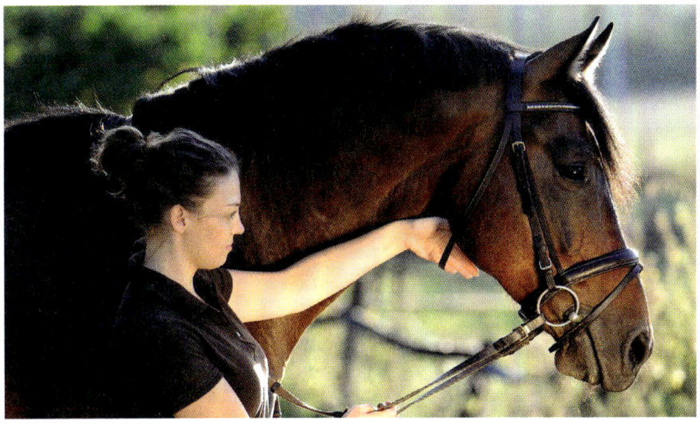

Der Kehlriemen wird so geschlossen, dass eine Handbreit Luft bleibt.

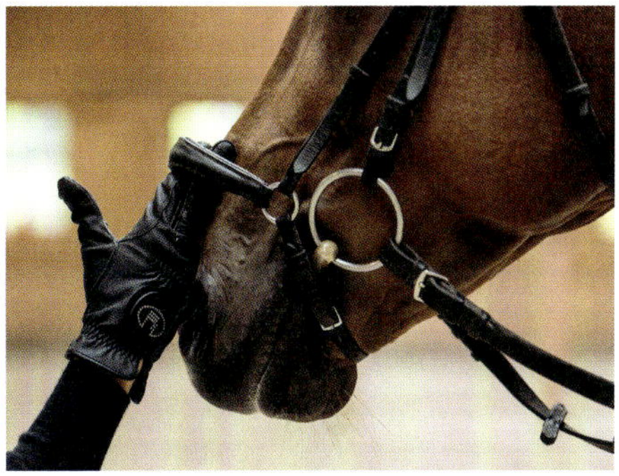

Auch beim hannoverschen Reithalfter gilt die Zwei-Finger-Regel.

? **Wie verfährst du weiter?**

✓ Ich schiebe das Genickstück über die Ohren, lasse den Nasenriemen herunter, schiebe die Zügel zurück und lege die Schopfhaare über das Stirnband, das gerade sitzen muss und die Ohren nicht einklemmen darf. Zuletzt kontrolliere ich, ob auch der Nasenriemen gerade ist und das Gebiss richtig an den Maulwinkeln anliegt, ohne diese in die Höhe zu ziehen.

? **Wonach richtet sich die Länge des Nasenriemens?**

✓ Nach der Höhe der Maulspalte: Zwischen der unteren Kante des Nasenriemens und dem oberen Nüsternrand soll beim hannoverschen Reithalfter ein etwa drei Finger breiter Zwischenraum sein. Bei geschlossenem Kinnriemen darf das Gebiss nicht hochgezogen werden. Ein zu tief liegender Nasenriemen dagegen kann die Atmung behindern.

? **Wie soll der Sperr- bzw. Kinnriemen geschnallt sein?**

✓ Zwischen Kinnriemen und Kinn bzw. zwischen Nasenriemen und Nasenrücken müssen zwei flach angelegte Finger Platz haben. Ist der Sperrriemen zu eng geschnallt, behindert er die Maultätigkeit.

? **Wie wird der Kehlriemen geschnallt?**

✓ So, dass eine Handbreit Luft bleibt zwischen Kehlriemen und Kehle. Ein zu enger Kehlriemen spannt, sobald das Pferd am Zügel geht.

? **Wofür braucht man die Zäumung auf Kandare?**

✓ Sie dient der Verfeinerung der Hilfengebung. Sie darf niemals zu einer schmerzhaften Zügeleinwirkung missbraucht werden.

? **Was ist das Merkmal eines Kandarengebisses?**

✓ Es ist ein ungebrochenes, sogenanntes Stangengebiss.

PFLEGE DES LEDERZEUGS

Die sorgfältige Pflege des Lederzeugs ist sehr wichtig, weil es sonst rasch brüchig werden kann und dadurch die Sicherheit von Mensch und Tier gefährdet wäre. Z. B. kann ein im Galopp reißender Steigbügelriemen schlimme Folgen haben! Zudem ist die Anschaffung von Lederzeug sehr teuer.

GAMASCHEN UND BANDAGEN

Dem Schutz der empfindlichen Pferdebeine dienen Bandagen (mit Bändern, Klettverschlüssen oder Elastik-Sicherheitsverschlüssen), Leder- bzw. Kunststoffgamaschen, Sehnenschoner, Transportgamaschen, Sprungglocken und Streichkappen. Gamaschen werden mit Schnallen oder Klettverschlüssen befestigt, die Verschlüsse müssen außen sitzen und nach hinten zeigen. Transportgamaschen sind im Gegensatz zu den Gamaschen, die man beim Reiten verwendet, stark gepolstert und wesentlich größer.

Bandagen sind aus elastischem Baumwollgewebe, etwa zwei bis drei Meter lang, 10 bis 15 Zentimeter breit und am Ende mit einem Band oder Klettverschluss versehen. Das richtige Anlegen von Bandagen ist nicht ganz einfach, gehört aber unbedingt zum Rüstzeug eines Pferdebetreuers. Wichtig ist, dass weder

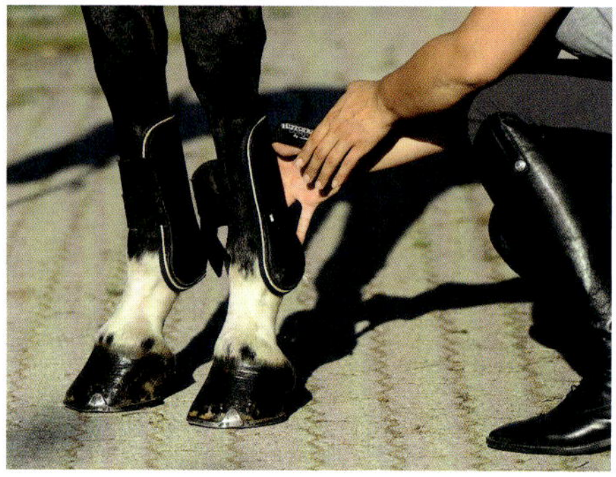

Die Klettverschlüsse der Gamaschen schließen außen am Pferdebein und zeigen nach hinten.

☞ WISSENS-CHECK **LEDERPFLEGE**

?	**Wie wird das Lederzeug aufbewahrt?**	✓	In einer separaten Sattelkammer. Der Stalldunst würde dem Leder schaden. Sättel und Trensen sind teuer, deshalb ist ein abschließbarer Raum sinnvoll. Zudem könnten Pferde, die freien Zugang zum Sattelzeug hätten, Schaden anrichten.
?	**Wie wird das Lederzeug gereinigt und gepflegt?**	✓	Es wird mit Sattelseife und einem feuchten Schwamm gereinigt und einmal in der Woche mit Lederfett eingefettet. Der Teil des Sattels, der mit der Reithose in Berührung kommt, wird nur mit Sattelseife behandelt, Wildleder mit einer dafür vorgesehenen Bürste aufgeraut.
?	**Wie werden die übrigen Teile des Sattelzeugs behandelt?**	✓	Steigbügel und Gummieinlagen werden gewaschen. Das gilt mit besonderer Regelmäßigkeit und Sorgfalt auch für die Sattelunterlage.

Druckstellen entstehen noch die Blutzirkulation beeinträchtigt wird! Im Krankheits- und Verletzungsfall sowie nach Anstrengungen und zur Verhinderung von Gallen ist z. B. die sachgemäß angelegte Stallbandage aus Wolle (mit einer Unterlage versehen) unersetzlich.

TIPPS ZUM RICHTIGEN BANDAGIEREN

— Vor dem Gebrauch wird die Bandage so aufgewickelt, dass das Bandagenende innen liegt. Deshalb wird beim Zusammenrollen auf der Seite begonnen, an der die Klettverschlüsse befestigt sind.
— Die Bandagen sollten fest und gerade aufgerollt werden, lose oder schief aufgewickelte Bandagen lassen sich kaum fachgerecht am Pferdebein wieder abrollen.
— Das Pferd sollte mit dem zu bandagierenden Bein fest stehen bleiben. Man beginnt mit dem Bandagieren unterhalb des Vorderfußwurzelgelenkes und wickelt die Bandage dann von oben nach unten, in schräg gelegten Bahnen, bis über den Fesselkopf. Die Fesselbeuge wird dabei frei gelassen. Danach führt man die Bandage wieder in schrägen Wickelungen aufwärts, bis auf die halbe Höhe des Röhrbeins.
— Die Bandagen müssen beim Wickeln glatt und gleichmäßig, ohne Falten, jedoch auch nicht zu fest, am Pferdebein anliegen, damit keine Druck- oder Scheuerstellen entstehen.
— Die Bandage wird anschließend sorgfältig mit dem Klettverschluss befestigt.

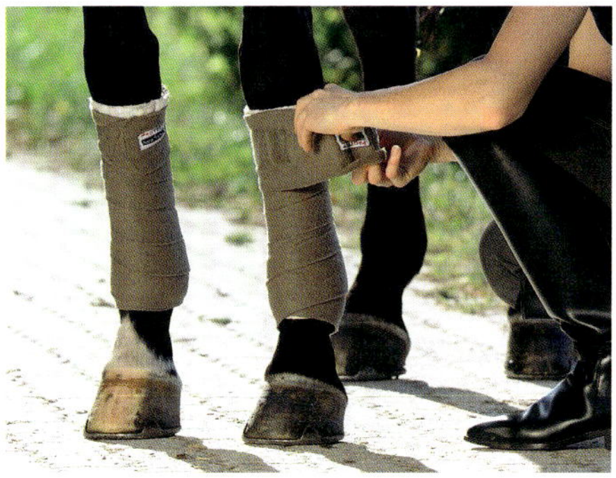

So werden Bandagen angebracht. Rechts wird im, links gegen den Uhrzeigersinn bandagiert.

☞ WISSENS-CHECK **BEINSCHUTZ**

?	**Welchen Zweck haben Bandagen?**	✓	Sie können, wenn Unterlagen verwendet werden, vor Anschlagen und Verletzungen schützen.
?	**Worauf achtest du besonders beim Anlegen einer Bandage?**	✓	Ich bandagiere glatt und gleichmäßig ohne Falten, damit keine Scheuerstellen entstehen.
?	**Was kann anstelle von Bandagen zum Schutz der Beine verwendet werden?**	✓	Leder- und Kunststoffgamaschen und speziell ausgepolsterte Transportgamaschen
?	**Wozu dienen Sprungglocken?**	✓	Zum Schutz der Vorderbeine vor Kronen- und Ballentritten, die beim Rückwärts- oder Seitwärtsgehen entstehen können. Beim Ballentritt verletzt sich das Pferd mit dem Hinterhuf den Ballen des Vorderhufs. Beim Kronentritt verletzt es sich an der Hufkrone oder am Kronrand.

DAS VERLADEN DES PFERDES

Nicht nur auf Turniere, sondern auch zu Ausritten, Wanderritten, in den Reiterurlaub, zum Decken durch einen Hengst und zur manchmal lebenswichtigen Behandlung in der Tierklinik werden Pferde mit dem Transporter gefahren.

Seit dem 01.07.2000 ist in Europa für jeden Transport eines Pferdes der Equidenpass (Pferdepass) vorgeschrieben. Die „Zuchtbescheinigungen" (über Geburt, Abstammung, Züchter und Besitzer) sind Bestandteile des Pferdepasses. Dieser enthält auch einen Eintrag, ob das Pferd als Lebensmitteltier (Schlachttier) oder Nicht-Lebensmitteltier (mit unbegrenzter Medikamentengabe) eingestuft wird. Die FN empfiehlt die Eintragung als „Schlachttier", da dies bei der Tierkörperbeseitigung weniger Probleme verursache und die Anzahl der nicht zugelassenen Medikamente beim Pferd gering sei. Man erspart sich viel Ärger, wenn man das Verladen in Ruhe und ohne Stress übt. Vor allem bei den ersten Versuchen sollte man viel Zeit aufbringen, bis das Pferd vertrauensvoll auf den Hänger geht und sich auch während der Fahrt wohlfühlt. Voraussetzung ist, dass Hänger und Fahrzeug in einwandfreiem Zustand sind – auch die gültige TÜV-Plakette gehört dazu. Verladerampe und der Boden davor müssen rutschfest, der Verladeplatz frei von Gerümpel und anderen Gefahrenquellen sein. Das Innere des Hängers soll sauber, ggf. eingestreut und mit einem Heusack ausgestattet sein. Vor der Fahrt muss kontrolliert werden, ob die Kupplung richtig einrastet, die Handbremse gelöst ist und Bremslicht, Blinker und Auflaufbremse funktionieren.

DER EQUIDENPASS

Auskunft über die Ausstellung des Pferdepasses geben die Pferdezuchtverbände und die Deutsche Reiterliche Vereinigung (FN). Neben den Angaben zur Identifizierung des Pferdes enthält der Pass Vermerke über Impfungen und verabreichte Medikamente.

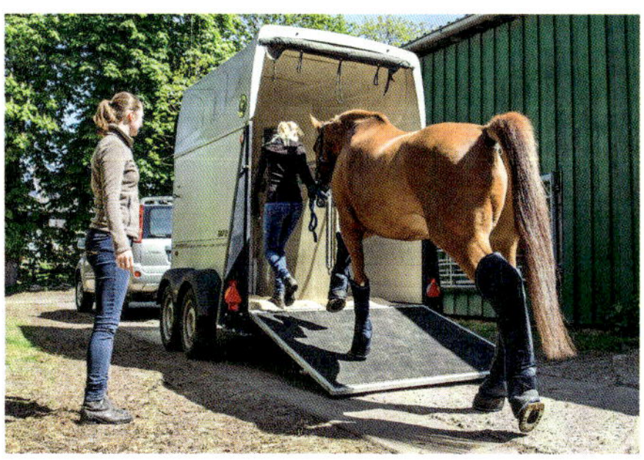

Das Pferd geht die Rampe gerade hinauf.

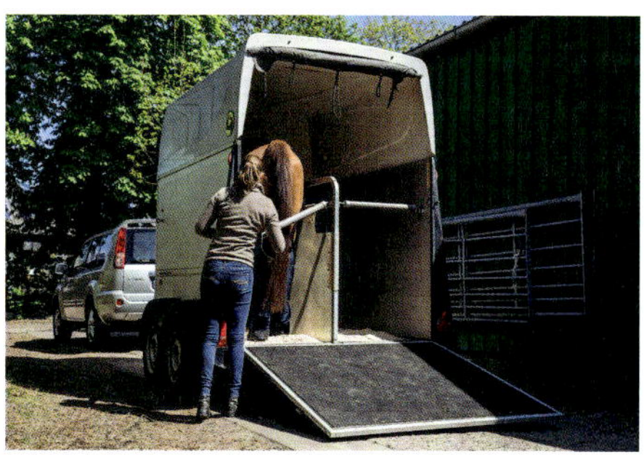

Die hintere Sicherheitsstange wird geschlossen.

☞ WISSENS-CHECK **VERLADEN**

?	**Wie ist das Pferd zum Verladen ausgestattet?**	✓	Es trägt außer dem Halfter nur Transportgamaschen oder -bandagen (an allen vier Beinen!), evtl. auch einen Schweif- und Kopfschutz und je nach Temperatur eine leichte Decke bzw. Fliegendecke. Auch zum Verladen kann eine Führkette angelegt werden, um das Pferd sicher und leicht führen zu können. Angebunden wird das Pferd immer nur an Halfter und Strick!
?	**Was muss beim Einladen beachtet werden?**	✓	Der Transporter wird so aufgestellt, dass das Pferd in Richtung Stall auf den Hänger geht. Die Führperson geht, ohne am Strick zu ziehen, links vom Pferd voraus und ist darauf gefasst, dass das Pferd einen Satz nach vorn machen kann. Das Pferd muss die Rampe gerade hinaufgehen, damit es nicht seitlich heruntertreten kann. Links und rechts Hilfspersonen aufstellen!
?	**Was sollte vor dem ersten Verladen eines Pferdes getan werden?**	✓	Möglichst vor dem Ernstfall das Verladen in Ruhe üben. Wenn das Pferd mit den Vorderbeinen auf der Rampe steht, kannst du es mit Haferschwinge oder Möhren locken.
?	**Welche Möglichkeiten gibt es bei hartnäckiger Weigerung des Pferdes?**	✓	Es gibt unterschiedliche Verladetechniken. Eine ist die, bei der zwei Longen rechts und links am Hänger befestigt werden, das Pferd in der Longengasse steht und zwei Helfer hinter ihm die Longen kreuzen und sanften Druck ausüben.
?	**Worauf ist zu achten, wenn das Pferd auf dem Hänger steht?**	✓	Zuerst wird die hintere Stange sofort eingehängt, dann erst wird das Pferd angebunden.
?	**Was ist beim Fahrverhalten mit dem beladenen Hänger wichtig?**	✓	Ruckartiges Bremsen und Anfahren sowie scharfes oder zu schnelles Fahren von Kurven (unter 20 km/h!) vermeiden, bei Ampeln den langen Bremsweg einkalkulieren!
?	**Wie geht man beim Ausladen vor?**	✓	Das Pferd zuerst losbinden, dann die hintere Querstange ganz herausnehmen (sonst Verletzungsgefahr!), das Pferd langsam, mit geradem Kopf und Hals, geradeaus rückwärts hinunterführen. Möglichst Hilfspersonen an beiden Seiten aufstellen.
?	**Wo stellt man ein einzelnes Pferd im Zweipferdehänger auf?**	✓	Im Zweipferdehänger steht ein einzelnes Pferd auf der rechten, dem Verkehr abgewandten Seite, damit es mehr Distanz zum Straßenlärm hat.

FÜTTERUNG — *Haltung und Gesundheit*

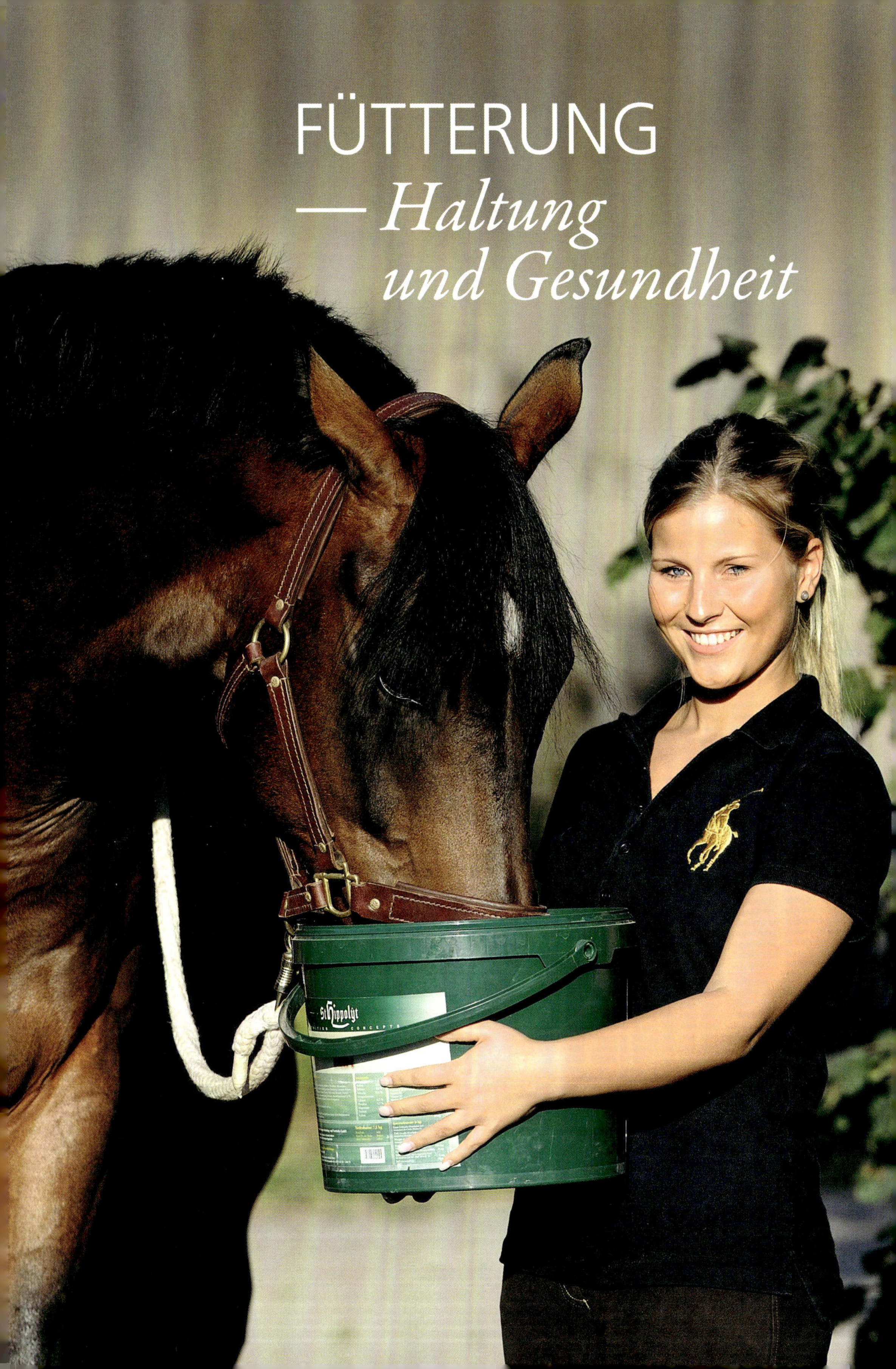

SO BLEIBT EIN PFERD GESUND UND FIT

Nur ein gesundes Pferd ist ein zufriedener, ausgeglichener und zugleich leistungsfähiger und leistungswilliger Partner, an dem wir unsere Freude haben können.

Richtige, dem einzelnen Pferd individuell angepasste Fütterung und Kenntnisse der Hauptmerkmale seiner Verdauung sind wesentliche Voraussetzungen dafür. Ebenso wichtig sind artgerechte Haltung mit Sozialkontakten, der Zustand des Stalls, der geräumig, hell und luftreich sein muss, und ausreichend zusätzliche Bewegungsmöglichkeiten auf der Weide oder im Paddock.

Hinzu kommt die nötige Vorsorge durch Impfungen und Wurmkuren sowie die sorgfältige Beobachtung des Pferdes auf Verhaltensänderungen und Krankheitsmerkmale. Bei Verletzungen und Krankheiten muss man wissen, was bis zur Ankunft des Tierarztes zu tun ist. Auch die Kenntnis der wichtigsten für das Pferd gefährlichen Giftpflanzen gehört zur Sorge um seine Gesundheit.

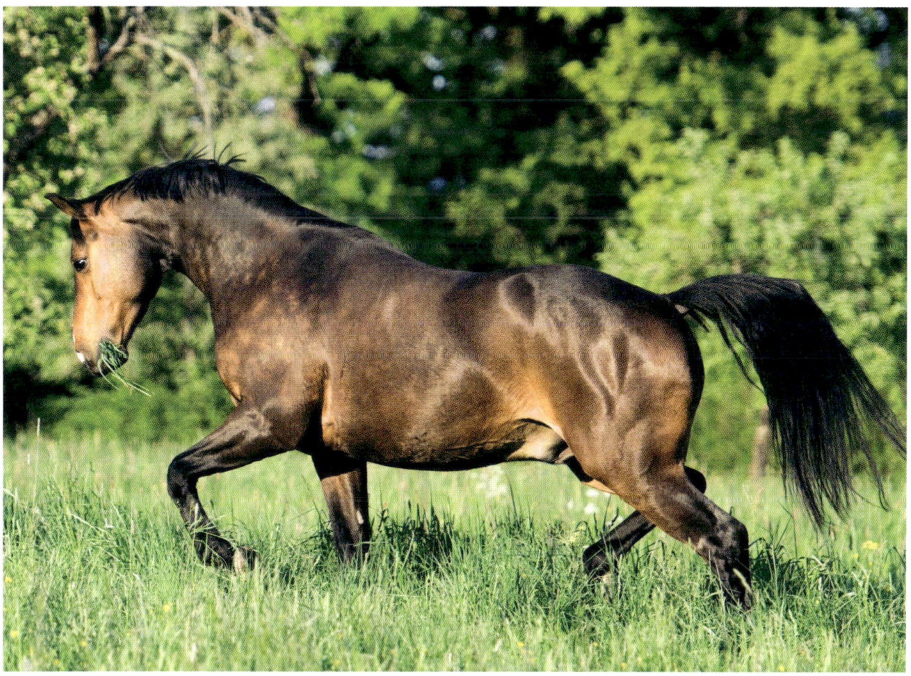

Bewegung an der frischen Luft auf der Weide tut Körper und Seele gut.

FÜTTERN UND TRÄNKEN

Grundsätzlich gilt, dass bei Fütterung im Stall mehrere, d.h. mindestens drei bis vier, kleine Mahlzeiten zu regelmäßigen Zeiten wichtig sind. Dabei und auch danach braucht das Pferd ungestörte Ruhe.

Die Menge und die Zusammensetzung des Futters sind individuell verschieden. Durch die genaue Beobachtung des Pferdes und seines Verhaltens kann man am besten herausfinden, was und wie viel ihm gut tut. Die Auswahl des Futters richtet sich natürlich auch nach der Leistung, die dem Pferd abverlangt wird. Es ist selbstverständlich, dass die Qualität des Futters einwandfrei sein muss, um das Pferd gesund und aktiv zu halten. Wenn im Stall keine Selbsttränken angebracht sind, muss darauf geachtet werden, dass dem Pferd oft genug, mindestens aber vor oder nach jedem Füttern, Wasser angeboten wird.

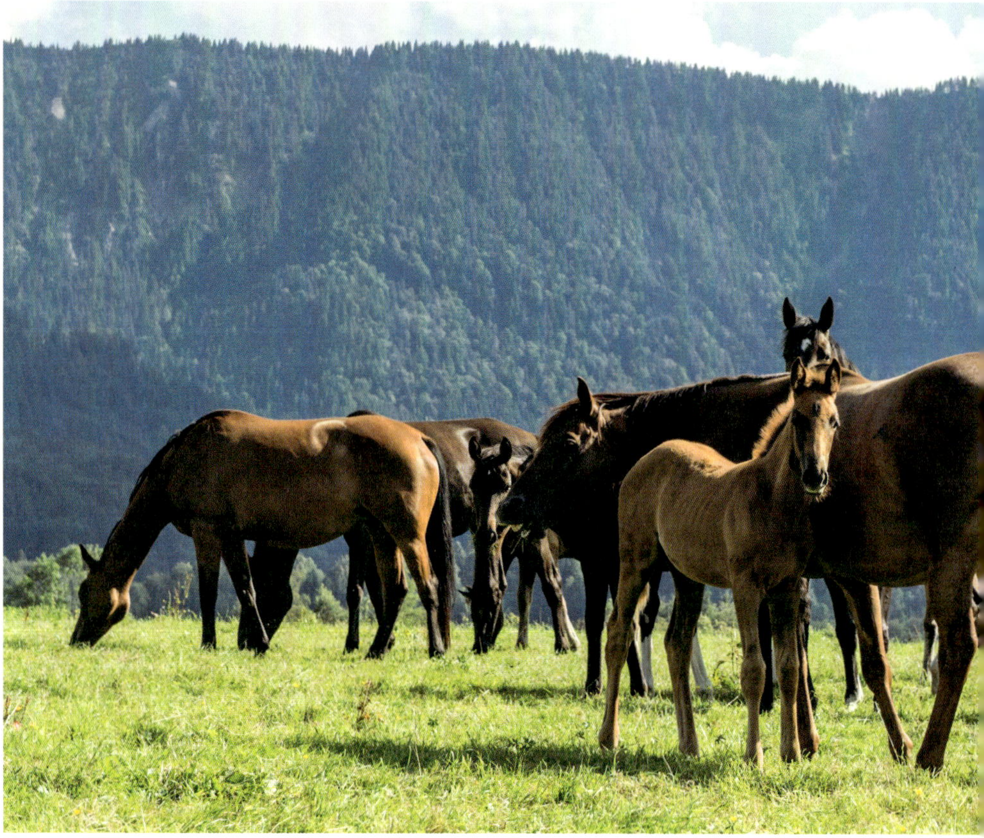

Eine pferdegerechte Aufzucht junger Pferde mit viel Platz und Sozialkontakten im Herdenverband

BASISWISSEN AUF EINEN BLICK

- Gefüttert wird mindestens 3-mal am Tag – morgens, mittags und abends – möglichst immer zur selben Zeit.
- Abends gibt es die größte Ration, weil danach die lange Ruhepause der Nacht folgt.
- Mittelschwere Pferde (500 kg) bekommen bei normaler Leistung pro Tag drei bis acht Kilo Kraftfutter, fünf bis zehn Kilo Heu und Stroh nach Bedarf.
- Futterarten sind: Raufutter, Kraftfutter, Vitamin- und Mineralfutter sowie Saftfutter.
- Raufutter: Heu und Stroh, Letzteres vor allem als Einstreu.
- Kraftfutter: Hafer, Gerste, Mais und Kraftfuttermischungen.
- Saftfutter: z.B. frisches Gras, Mohrrüben, rote Rüben, Zucker- und Futterrüben.
- Mash: Kräftigungsfutter für kranke und geschwächte oder überdurchschnittlich beanspruchte Pferde (vgl. S. 86).
- Vorsicht beim ersten Weidegang im Frühjahr. Frisches Gras ist sehr eiweißreich und zu viel davon kann krank machen! Das erste Anweiden sollte nicht länger als 10 Minuten dauern.
- Tränken (wenn keine Selbsttränke vorhanden) drei- bis viermal am Tag mit frischem Wasser, vor oder nach dem Füttern.
- Stark erhitzte oder schwitzende Pferde nur kontrolliert saufen lassen!

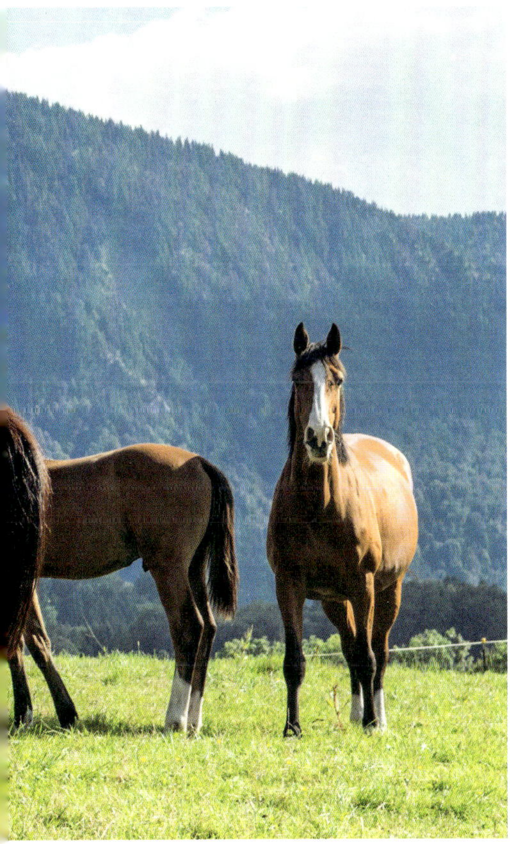

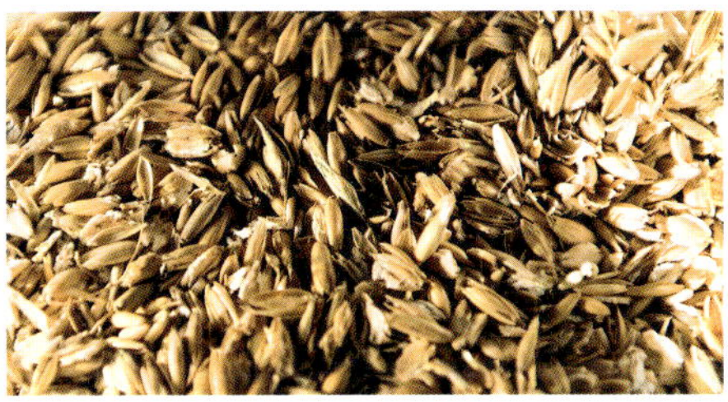

Hafer zählt zum Kraftfutter.

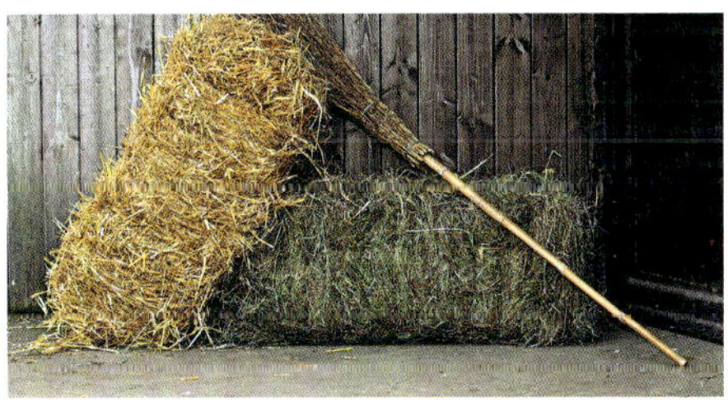

Heu und Stroh nennt man Raufutter.

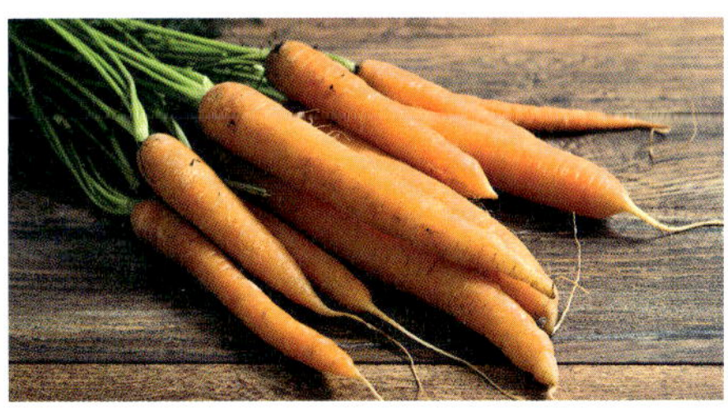

Karotten sind dem Saftfutter zuzuordnen.

☞ WISSENS-CHECK **FÜTTERN**

?	**Warum sollten dem Pferd unmittelbar nach der Futteraufnahme keine größeren Leistungen zugemutet werden?**	✓	Weil während der Verdauungstätigkeit Magen und Darm vermehrt durchblutet werden, sie sogar z.T. Blut aus anderen, zur Zeit nicht so intensiv tätigen Körperteilen abziehen.
?	**Wie lang sollte die Pause zwischen Futteraufnahme und Beanspruchung sein?**	✓	Mindestens 60 Minuten
?	**Was kann eine unmittelbar nach der Mahlzeit verlangte Leistung zur Folge haben?**	✓	Eine Störung im Verdauungsablauf, also eine Kolik
?	**Was ist über die Größe des Pferdemagens zu sagen?**	✓	Er ist im Verhältnis zur Körpergröße relativ klein und fasst nur ca. 10 bis 15 Liter – während die Mägen des Rindes z. B. zusammen 150 Liter fassen, also zehnmal so viel. Da das Pferd einen vergleichsweise kleinen Magen hat und in der Natur ständig kleine Mengen aufnimmt, braucht es mehrere kleinere Mahlzeiten am Tag mit ausgewogener Zusammensetzung.
?	**Wie oft wird ein Pferd gefüttert?**	✓	Mindestens dreimal am Tag

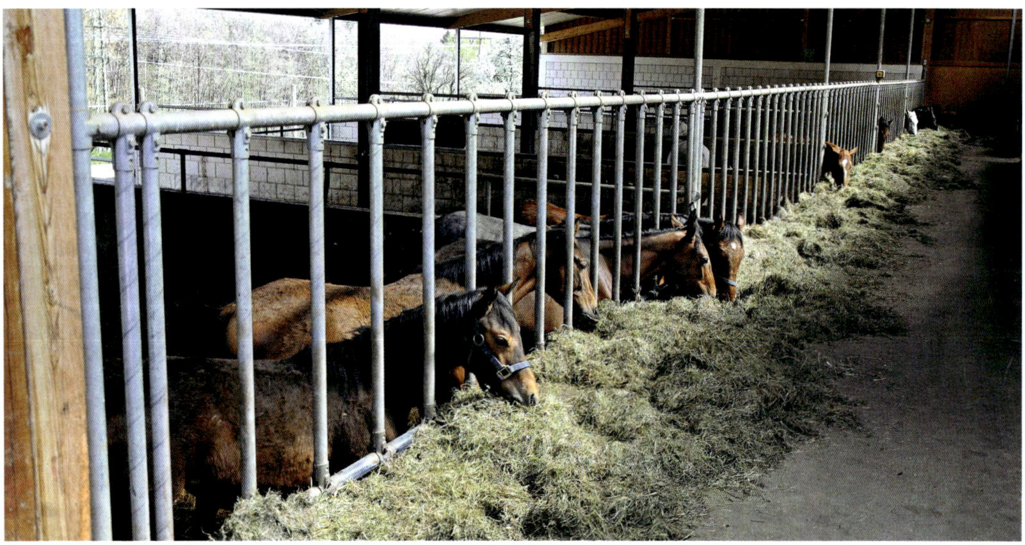

Bei empfindlichen Pferden empfiehlt es sich, das Heu vor der Fütterung zu wässern.

?	✓
Wann wird es gefüttert?	Morgens, mittags und abends und möglichst immer zur selben Zeit, dabei immer nach dem Prinzip: erst Raufutter, dann Kraftfutter.
Wann erhält es die größte Portion und warum?	Abends, weil danach die Nachtruhe folgt: Die lange Ruhepause ist für die Verdauung wichtig.
Was wird gefüttert und wie viel?	Mittelschwere Pferde (Gewicht: ca. 500 kg) bekommen bei normaler Leistung pro Tag drei bis acht Kilo Kraftfutter je nach Energiegehalt, fünf bis zehn Kilo Heu und Stroh nach Bedarf. Übrigens: Heu wird nicht in die Krippe, sondern auf den sauberen Boden gelegt!
Welche Futterarten gibt es?	Raufutter, Kraftfutter, Mineral- und Vitaminfutter sowie Saftfutter
Was sind die wichtigsten Kraftfutterarten?	Hafer, Mais, Gerste, Roggen, Weizen und pelletierte Kraftfuttermischungen mit Vitaminen und Mineralstoffen
Was sind die wichtigsten Raufutterarten?	Heu und Stroh
Wie wird Stroh verwendet?	Als Einstreu. Das Pferd holt sich daraus einen Teil seines Raufutterbedarfs.
Was ist Saftfutter?	Z. B. frisches Gras, Mohrrüben, rote Rüben, Zucker- und Futterrüben
Warum ist Saftfutter wichtig?	Es ist vitaminreich, bekömmlich und schmeckt.
Darf man Saftfutter in beliebigen Mengen füttern?	Nein, nur in kleineren Mengen, als Beifutter und als Leckerbissen
Lässt sich der Vitaminbedarf zuverlässig mit Saftfutter allein abdecken?	Nein, Vitamine und Mineralstoffe sollten zusätzlich in Futtermischungen angeboten werden. Im Winter, wenn es kein frisches Gras gibt, sind Möhren, Äpfel und Rüben eine wichtige und beliebte Ergänzung des Speiseplans.
Was ist Mash (engl. Aussprache: mäsch) und wofür braucht man es?	Mash ist ein Gemisch aus gequetschtem Hafer, Weizenkleie und gebrochenem Leinsamen, das mit kochendem Wasser übergossen und dann angerührt wird. Mash wird lauwarm gefüttert, ist sehr kräftigend und deshalb für kranke und geschwächte Pferde, aber auch bei überdurchschnittlicher Beanspruchung geeignet.

?	**Welche Hauptnährstoffe braucht ein Pferd?**	✓	Eiweiß, Fett, Rohfasern und Kohlehydrate
?	**Worauf muss man vor allem zu Beginn der Weidezeit achten?**	✓	Dass sich das Pferd langsam an das frische Gras gewöhnt, da es sehr viel Eiweiß und wenig Rohfaser enthält. Durchfall, Kolik und Hufrehe können die Folgen sein, wenn das Pferd zu viel junges Gras frisst.
?	**Wie oft und wann wird ein Pferd getränkt, wenn keine Selbsttränke vorhanden ist?**	✓	Drei- bis viermal am Tag, vor oder nach dem Füttern
?	**Worauf musst du bei einer Selbsttränke achten?**	✓	Dass sie sauber ist! Man muss täglich nachsehen, ob sie durch Rossäpfel oder Futterreste verunreinigt ist. Diese gründlich entfernen!
?	**Wie sollte das Tränkwasser sein?**	✓	Frisch, also nicht abgestanden. Bei erkälteten Pferden wird etwas warmes Wasser beigemischt.
?	**Darf man ein stark erhitztes Pferd ungehindert saufen lassen?**	✓	Auf keinen Fall. Es wird zuerst herumgeführt, damit es abschwitzt.
?	**Was kann man tun, damit ein schwitzendes Pferd nicht zu schnell und gierig säuft?**	✓	Man legt ein Büschel Heu oder etwas Stroh aufs Wasser oder lässt das Trensengebiss im Maul.

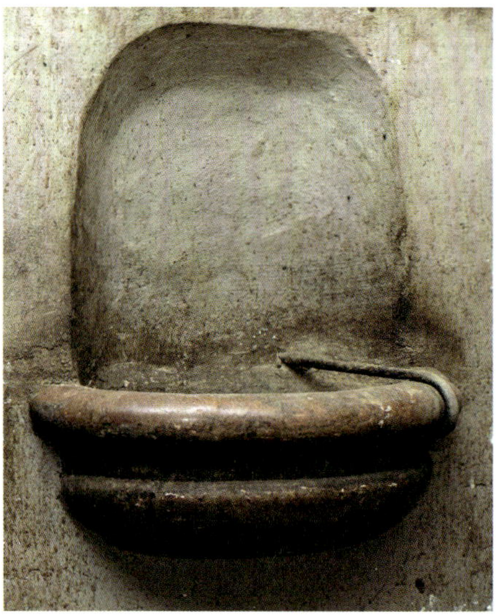

Der Futtertrog sollte jeden Tag gesäubert werden.

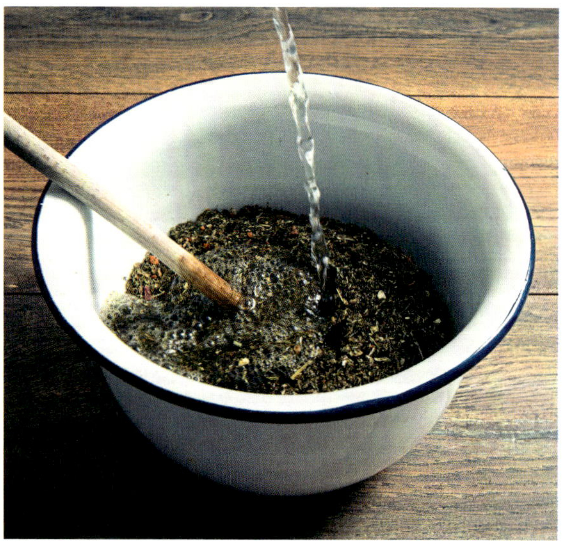

Mash ist ein gut verträgliches Kräftigungsfutter.

VERSCHIEDENE HALTUNGSFORMEN

Pferde können außer einzeln in Boxenställen (Stallhaltung im Innenstall) auch in Offenställen und in Gruppen gehalten werden (Robustpferdehaltung). Diese Haltungsform entspricht am ehesten den natürlichen Bedürfnissen des Pferdes.

Bei der Boxenhaltung hat jedes Pferd seine eigene Box, am besten mit einem eigenen Paddock. Es kann seine Nachbarn sehen und evtl. beschnuppern, Verletzungsgefahr besteht jedoch keine. Bei der Einzelhaltung in Boxen ist es unerlässlich, dem Pferd ausreichend freie Bewegung auf der Weide oder einem Auslauf zu ermöglichen.
In der Gruppenauslaufhaltung können die Pferde wie in einer Herde leben. Sie haben soziale Kontakte, freien Auslauf und frische Luft. Für rangniedrige oder alte Pferde kann das Leben in der Gruppe allerdings auch Stress verursachen. Sie werden eventuell vom Futter verjagt, dürfen sich bei Regen nicht unterstellen und riskieren Verletzungen bei möglichen Streitigkeiten. Eine harmonische Gruppenkonstellation ist im Offenstall sehr wichtig. Werden Pferde zum Training aus der Gruppe genommen, ist darauf zu achten, dass nie ein Pferd allein zurückbleibt.
Welche Haltung für das eigene Pferd die ideale ist, muss jeder Pferdehalter individuell entscheiden und sowohl die Bedürfnisse des Pferdes als auch seine eigenen in die Entscheidung mit einbeziehen.

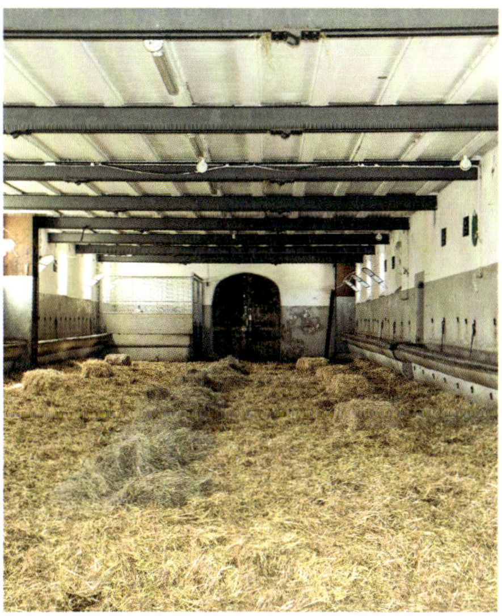

Laufstall für Stuten mit Fohlen

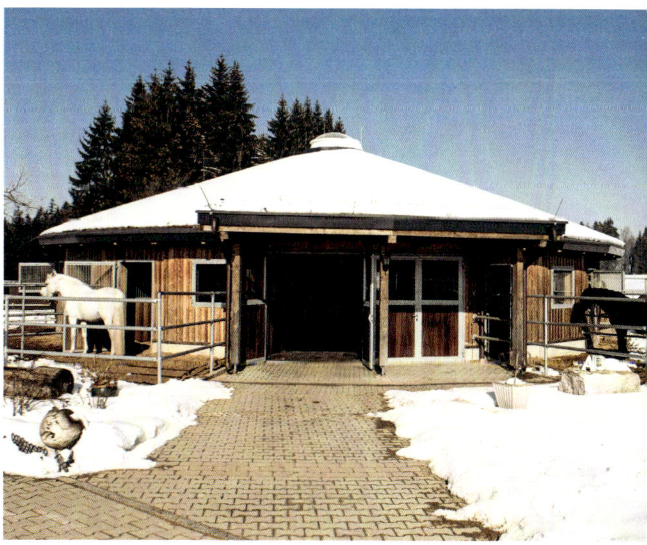

Boxenstall mit Paddocks

☞ WISSENS-CHECK **HALTUNG**

?		✓	
?	**Welche Haltungsformen unterscheidet man?**	✓	Robusthaltung (Weide-, Laufstall- oder Aktivhaltung) und Boxenhaltung (Innenstall)
?	**Was ist Robusthaltung?**	✓	Das robust gehaltene Pferd lebt das ganze Jahr im Freien, hat aber einen Offenstall zur Verfügung, den es jederzeit aufsuchen kann.
?	**Welche Bedingungen muss ein Offenstall erfüllen?**	✓	Er muss eine trockene und trittfeste Unterlage haben und nach drei Seiten geschlossen sein, wobei die vierte, offene Seite in die windärmste Richtung weist.
?	**Was ist eine Gruppenstallhaltung?**	✓	Statt in Einzelboxen werden die Pferde in Gruppenställen gehalten, die meist Offenställe mit angrenzendem Auslauf sind. Sie ist bei Freizeitreitern beliebt und kommt den natürlichen Bedürfnissen des Pferdes entgegen.
?	**Was ist eine Laufstallhaltung?**	✓	Auch sie ist eine Gruppenstallhaltung, die Sozialkontakte und Bewegung ermöglicht und sich vor allem für Zuchtpferde und die Aufzucht von Jungpferden eignet.

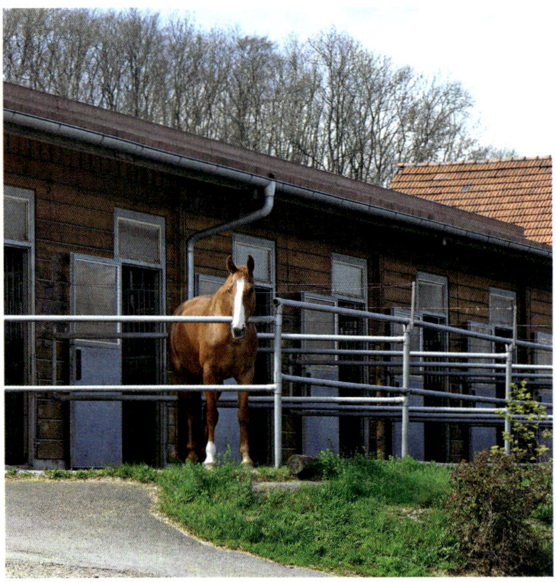

Ein heller, luftiger, gepflegter Innenstall mit angrenzendem Außenpaddock bietet den Pferden eine angenehme Behausung.

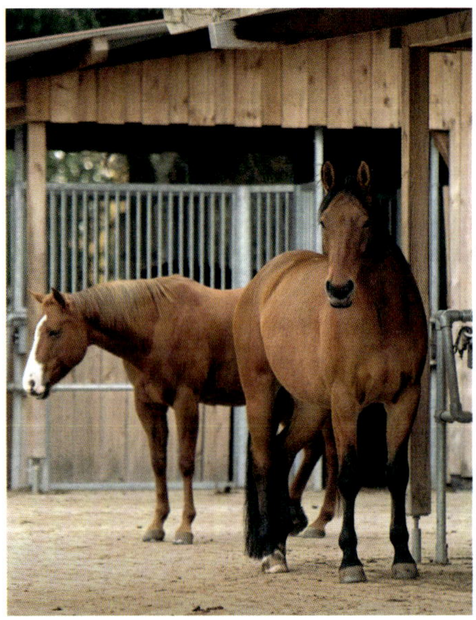

Ein Offenstall mit Gruppenhaltung ist eine besonders artgerechte Form der Robusthaltung.

STALL UND EINSTREU

Ein sauberer, gepflegter Stall ist ebenso wie der gute Futter- und Pflegezustand seiner Bewohner ein wichtiger Hinweis auf pferdefreundliche Haltung.

Der Stall ist für die meisten Pferde der Hauptaufenthaltsort, ihre „Wohnung", in der sie sich so wohl wie möglich fühlen sollen. Er muss möglichst groß, hell, sauber, luftig und stets mit frischer Streu ausgestattet sein. Die Pferde müssen die Möglichkeit zu sozialen Kontakten haben – sich hören, riechen und sehen können. Für die Maße der Boxen, der Stallgasse, der Fenster, Türen usw. gibt es genaue Bestimmungen.

KRITERIEN FÜR EINEN INNENSTALL

— Der Stall muss groß, hell und luftig sein (aber ohne Zugluft!), ausgestattet mit trockener Unterlage und einer mindestens 3 m breiten, rutschfesten Stallgasse.
— Faustregeln für die unterste Mindestgröße der Box: Die Fläche errechnet sich aus der doppelten Widerristhöhe des Pferdes im Quadrat (ca. 12 m^2), ihre Höhe beträgt 3,50 bis 4 m. Pro Pferd und Box sind ca. 40 m^3 Boxenraum (Volumen) anzusetzen.
— Fenster (zum Öffnen): Fensterfläche pro Pferd mindestens 1 m^2.
— Höhe der Boxenwände: Mindestens 1,30 m.
— Bei Abtrennung durch Gitterstäbe: Der Abstand zwischen den Stäben darf nicht zu groß sein (ca. 4 cm), damit die Hufe nicht hängen bleiben!
— Die Türen einer Box: Mindestens 1,10 m breit und ganz zu öffnen. Sie müssen nach rechts ausschlagen.
— Einstreu: Trocken und sauber.
— Trog und Tränke: Ohne Ecken und in Höhe des Schultergelenks angebracht, sodass das Pferd mit leichter Halsneigung fressen und saufen kann. Nach unten ist der Trog etwas erweitert, damit der Hafer nicht hinausgeworfen wird. Trog und Tränke müssen regelmäßig gesäubert werden.
— Zum Anbinden: Feste Anbinderinge und Panikhaken.
— Die Stalltemperatur sollte der Außentemperatur angepasst, im Sommer möglichst kühl, im Winter aber frostfrei sein. Wichtig hierfür ist ein gut isoliertes Dach.

DIE EINSTREU

— Die Streu muss reichlich und sauber sein (zugleich Deckung des Raufutterbedarfs!).
— Das Stroh muss frisch, auf keinen Fall darf es schimmelig oder vermodert sein.
— Aus Gesundheitsgründen kann die Einstreu aus staubfreien und unbehandelten Sägespänen bestehen – dann muss für ausreichend Heu gesorgt werden!
— Ausgemistet wird einmal am Tag gründlich, zusätzlich werden immer wieder die Rossäpfel entfernt. Die Streu dabei einebnen!
— Achtung, keine Ballenschnüre zurücklassen – Verletzungsgefahr!

WISSENS-CHECK **STALL**

?	**Wie soll ein guter Stall beschaffen sein?**	✓	Er soll groß, luftig und hell (aber ohne Zugluft!) und mit einer rutschfesten, mindestens 3 m breiten Stallgasse ausgestattet sein.
?	**Wie groß sollte eine Box sein?**	✓	Die Fläche einer Pferdebox berechnet sich mindestens aus der doppelten Widerristhöhe des Pferdes im Quadrat (ca. 12 m2), die Höhe sollte 3,50 bis 4 m betragen, das Volumen 40 m^3.
?	**Wie breit muss die Stallgasse sein?**	✓	Nicht unter 3 m
?	**Was ist bei den Fenstern zu beachten?**	✓	Sie sollten sich ganz öffnen lassen. Pro Pferd ist mindestens ein Quadratmeter Fensterfläche nötig.
?	**Worauf ist bei den Boxentüren zu achten?**	✓	Sie müssen breit genug (mindestens 1,10 m) sein, sich ganz öffnen lassen und nach rechts ausschlagen.
?	**Was ist bei der Abtrennung durch Gitterstäbe wichtig?**	✓	Der Abstand zwischen den Stäben darf nicht zu groß sein (ca. 4 cm), damit das Pferd nicht mit den Hufen hängen bleiben kann.
?	**Worauf ist bei Trog und Tränke zu achten?**	✓	Sie dürfen keine Ecken haben, sind in Höhe des Schultergelenks angebracht und müssen regelmäßig gesäubert werden.
?	**Was ist als Anbindevorrichtung zum Satteln und Pflegen der Pferde am geeignetsten?**	✓	Feste Anbinderinge und Panikhaken, die sich durch leichtes Ziehen in Richtung Strick sofort öffnen.
?	**Warum ist eine Sattelkammer notwendig?**	✓	Weil der Stalldunst dem Leder des Sattelzeugs schadet. Außerdem können Pferde, die sich losgerissen haben, großen Schaden anrichten. Die Sattelkammer sollte abschließbar sein.
?	**Was ist über die Streu zu sagen?**	✓	Sie muss reichlich und sauber sein, damit das Pferd sich wohlfühlt. Es ergänzt ja auch seinen Raufutterbedarf aus ihr.
?	**Wie oft muss ausgemistet werden?**	✓	Mindestens einmal am Tag gründlich. Außerdem sollten immer wieder die Rossäpfel entfernt und die Streu dabei eingeebnet werden.

?	**Gibt es eine andere Art der Einstreu als die mit Stroh, und wann wird sie gewählt?**	✓	Ja, staubfreie und unbehandelte Sägespäne (oder ähnliche Alternativen), wenn das Pferd aus gesundheitlichen Gründen kein Stroh fressen darf.
?	**Worauf ist bei der Einstreu mit Sägespänen zu achten?**	✓	Dass ausreichend Heu zur Verfügung steht, um den Raufutterbedarf zu decken.
?	**Wie geht man beim Ausmisten vor?**	✓	Man entfernt alle Pferdeäpfel. Nasses Stroh bzw. Späne werden restlos herausgenommen.
?	**Was ist beim Einstreuen von frischem Stroh wichtig?**	✓	Das Stroh muss wirklich frisch und darf nicht schimmelig oder vermodert sein. Auf gar keinen Fall dürfen Schnüre von den Ballen in die Box geraten, da sich das Pferd durch sie verletzen kann. Das Stroh soll locker aufgeschüttelt und gleichmäßig verteilt werden!
?	**Was versteht man unter einer Matratzenstreu?**	✓	Eine Streu aus gleichmäßig verteiltem, fest gestampftem, trockenem Mist, auf den trockenes Stroh aufgelegt wird. Sie ist nicht empfehlenswert, da aus ihr gesundheitsschädliche Ammoniakdämpfe austreten.

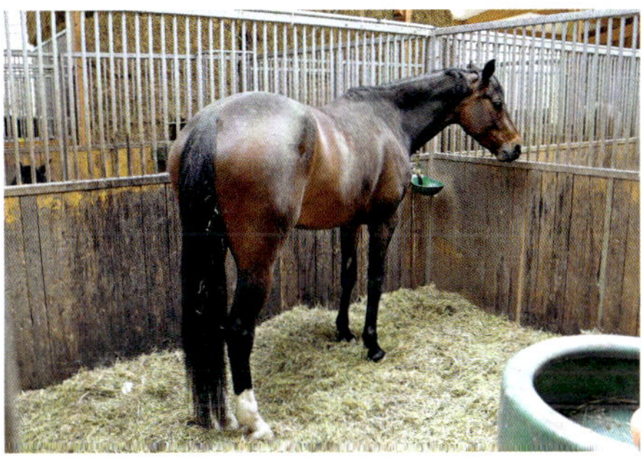

In einer frisch eingestreuten Box kann sich das Pferd so richtig wohlfühlen.

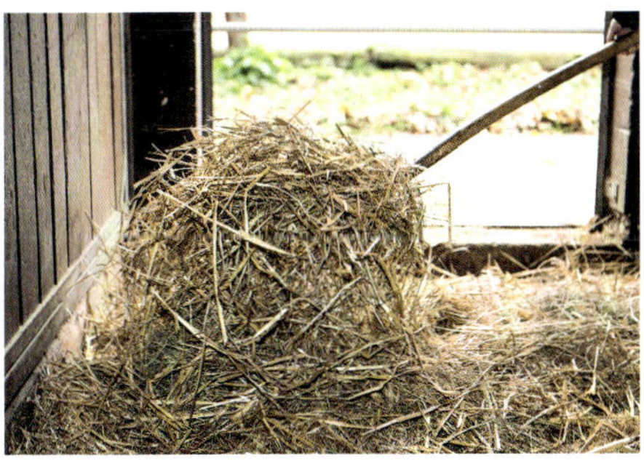

Einmal am Tag wird gründlich ausgemistet und frisch eingestreut.

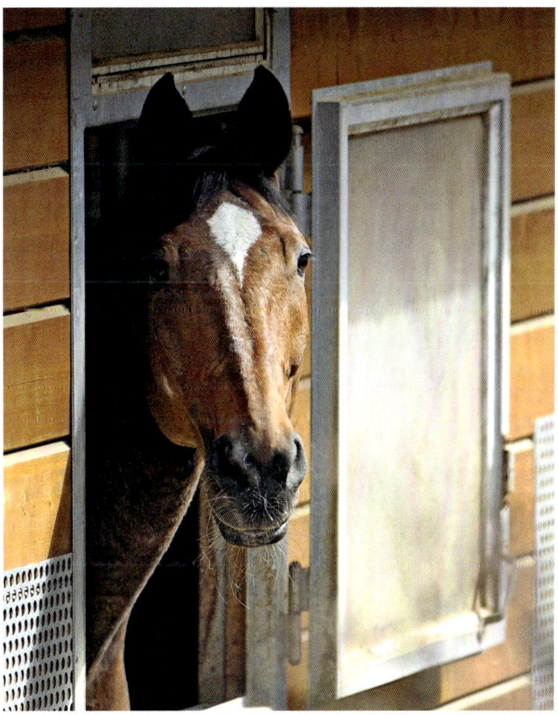

Pferdefreundlich sind große Boxen mit Fenstern, die sich ganz öffnen lassen.

RÄUMLICHKEITEN UND BEWEGUNGSFLÄCHEN

Zu den Anlagen eines gut geführten Reitbetriebes gehören außer den Stallungen eine Reithalle, möglichst eine Longierhalle, ein offener Reitplatz, ein Aufenthaltsraum (auch für den theoretischen Unterricht) und Weiden oder Paddocks als freie Bewegungsmöglichkeit für die Pferde.

Reithalle, offener Platz und Longierhalle müssen in einem guten Pflegezustand sein, immer wieder eingeebnet und an trockenen Tagen regelmäßig gesprengt werden. Den Hufschlag in der Reit- und Longierhalle sollte man nach jeder Benutzung mit einem Rechen wieder glatt ziehen. Das dient nicht nur der schöneren Optik, sondern vor allem der Gesundheit der Pferdebeine, die bei Unebenheiten oder Aufhäufungen in den Ecken Schaden nehmen können. Auf dem offenen Platz dürfen keine Steine oder gar Scherben und andere gefährliche Gegenstände herumliegen! Dasselbe gilt natürlich für Weide und Paddock, die gegebenenfalls auch von Kot befreit werden müssen. Jeder kann dazu seinen Beitrag leisten, indem er sich die Mühe macht, alles wieder so in Ordnung zu bringen, wie er selbst es mit seinem Pferd vorfinden möchte.

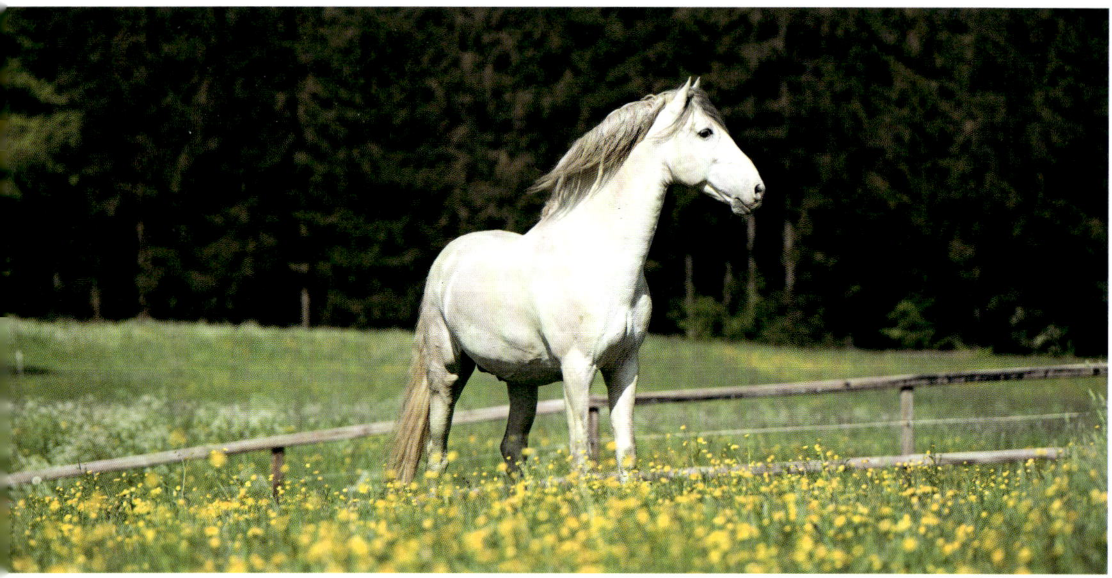

Ein Elektrozaun darf als Einfriedung nur in Verbindung mit einem gut sichtbaren Holzzaun verwendet werden.

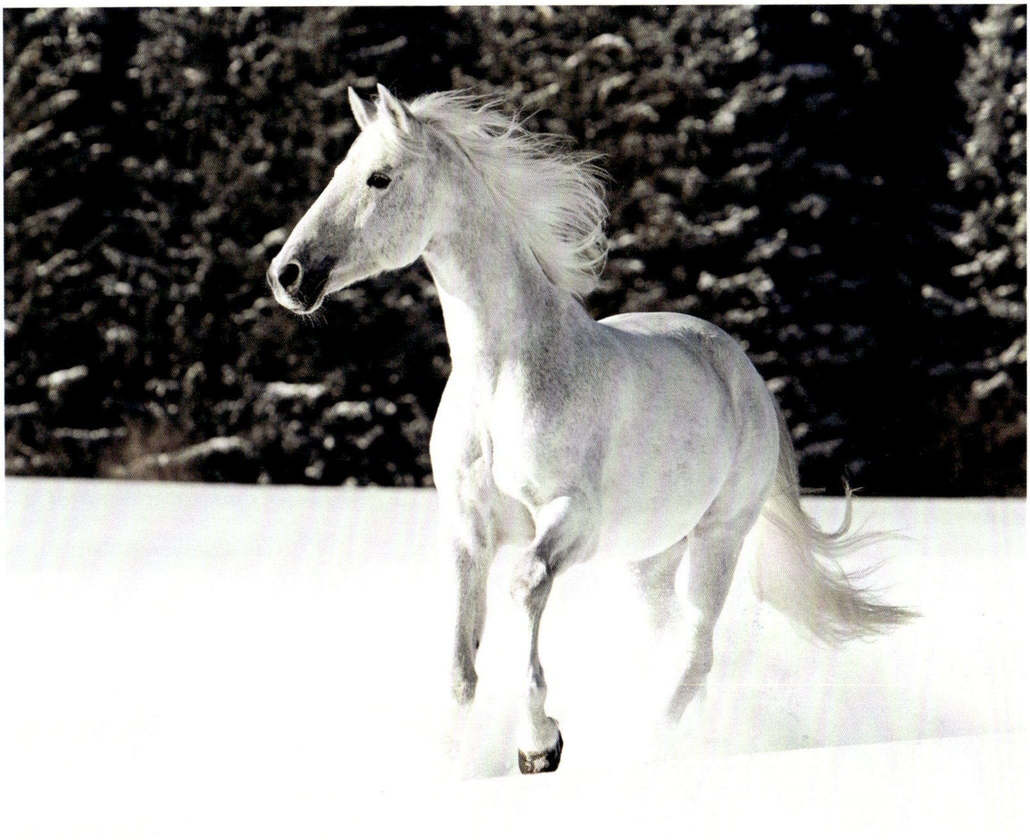

Auf der Weide kann das Pferd seinen Bewegungsdrang so richtig ausleben.

WISSENS-CHECK **WEIDE**

?	**Welche Einrichtungen gehören außer den Stallungen zu einem gut geführten Reitbetrieb?**	✓	Weide und/oder Paddock, eine Reithalle, ein offener Reitplatz, möglichst eine Longierhalle und ein Aufenthaltsraum (z. B. für den theoretischen Unterricht)
?	**Was ist ein Paddock?**	✓	Ein eingezäunter Auslauf mit Sand- oder Grasboden und stabiler Umzäunung mit einer Fläche von mindestens der Größe einer geräumigen Box
?	**Wie sollte die Weide beschaffen sein?**	✓	Eine Weide muss groß genug sein, um dem Pferd freies Galoppieren zu ermöglichen. Ideal bei längerer Weidehaltung ist eine Größe von 500 ar, zudem ein Unterstand und Trinkwasser.

? **Worauf ist bei der Einzäunung zu achten?**

✓ Sie muss aus festem, gut sichtbarem Material (am besten aus Holz) bestehen und so hoch sein (mindestens 1,60 Meter), dass das Pferd sie nicht überspringen kann.
Stacheldraht ist als Einzäunung nicht geeignet! Ein Elektrozaun sollte niemals allein, sondern nur in Verbindung mit einem Holzzaun verwendet werden.

? **Was sollte beachtet werden, wenn ein Pferd allein oder in Gesellschaft anderer Pferde auf der Weide ist?**

✓ Das Pferd ist ein Herdentier, eine längere Weidehaltung ohne die Gesellschaft anderer Pferde ist also nicht artgemäß. Lässt man mehrere Tiere zum ersten Mal zusammen auf die Weide, so muss genau beobachtet werden, ob sie sich vertragen, bevor man sie allein lässt. Bei längerer Weidehaltung sind die Hufeisen zu entfernen – sofern die Pferde während dieser Zeit nicht auf hartem Boden geritten werden.

? **Was ist vor allem bei kleinflächigen Weiden zu beachten?**

✓ Dass der Kot regelmäßig entfernt wird, damit die Pferde sich nicht mit Parasiten am eigenen Kot infizieren können. Außerdem werden diese Miststellen kaum abgefressen und Unkräuter breiten sich aus, die abgemäht werden müssen. Eine Wechselbeweidung mit Rindern kann diese Arbeit abnehmen.

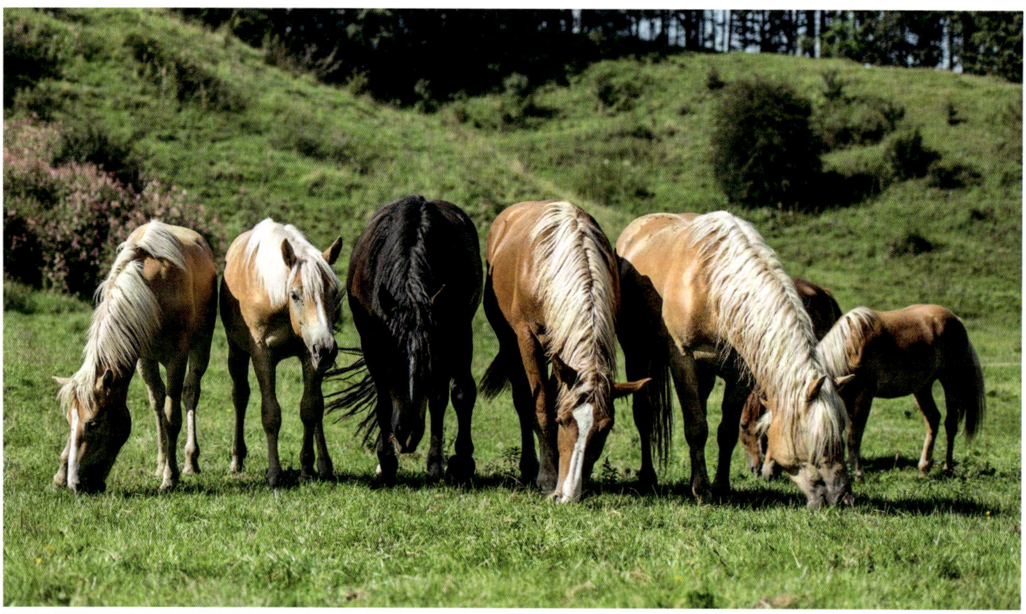

Am schönsten ist es auf der Weide in Gesellschaft anderer Pferde. Voraussetzung ist allerdings, dass sie sich vertragen.

WAS TUN BEI VERLETZUNGEN UND KRANKHEITEN?

Vorbeugen ist besser als heilen – und letztlich auch billiger! Die Impftermine sollten genau eingehalten werden. In vielen Ställen kommt der Tierarzt routinemäßig, um alle Pferde zu impfen. Ist das nicht der Fall, muss sich der Pferdehalter selbst darum kümmern.

VORBEUGENDE MASSNAHMEN

Pferde sollten regelmäßig entwurmt und geimpft werden. Impfungen können Pferde vor ansteckenden Krankheiten schützen. Unbedingt notwendig sind Impfungen gegen Pferdeinfluenza und Tetanus (Wundstarrkrampf). Die Impfungen gegen die Pferdegrippe Influenza sind von der Deutschen Reiterlichen Vereinigung (FN) für Turnierpferde vorgeschrieben. Dies gilt dem Schutz des eigenen und aller am Turnier teilnehmenden Pferde. Alle Impfungen werden im Pferdepass eingetragen und sind auf dem Turnier auf Verlangen vorzuzeigen.

☞ IMPFUNGEN

NOTWENDIG	EMPFEHLENSWERT
Pferdeinfluenza: Grundimpfung(-immunisierung) zweimal mit vier- bis höchstens zehnwöchiger Pause, dann halbjährlich nachimpfen.	**Herpes:** Empfehlenswert, vor allem gegen Verfohlen (Virusabort). Die Viren können außerdem zu Erkältung, Husten und Gehirnhautentzündung führen. Grundimpfung und halbjährlich nachimpfen.
Tetanus: Grundimpfung (zweimal mit sechswöchiger Pause), nach einem Jahr nachimpfen, dann alle zwei Jahre.	**Tollwut:** Vorgeschrieben nur in tollwutverdächtigen Gebieten (Anordnung durch Amtstierarzt), empfohlen vor allem bei Weidepferden, einmal im Jahr.
Wurmkur: Zwei- bis dreimal im Jahr (Standard), auf jeden Fall im Frühjahr und im Herbst. Zwischendurch vom Tierarzt Kotprobe untersuchen lassen, da es eine große Vielzahl von Wurmarten und entsprechend vielseitige Medikamente gibt.	Bei Transporten ins Ausland müssen die internationalen Impfbestimmungen berücksichtigt werden.

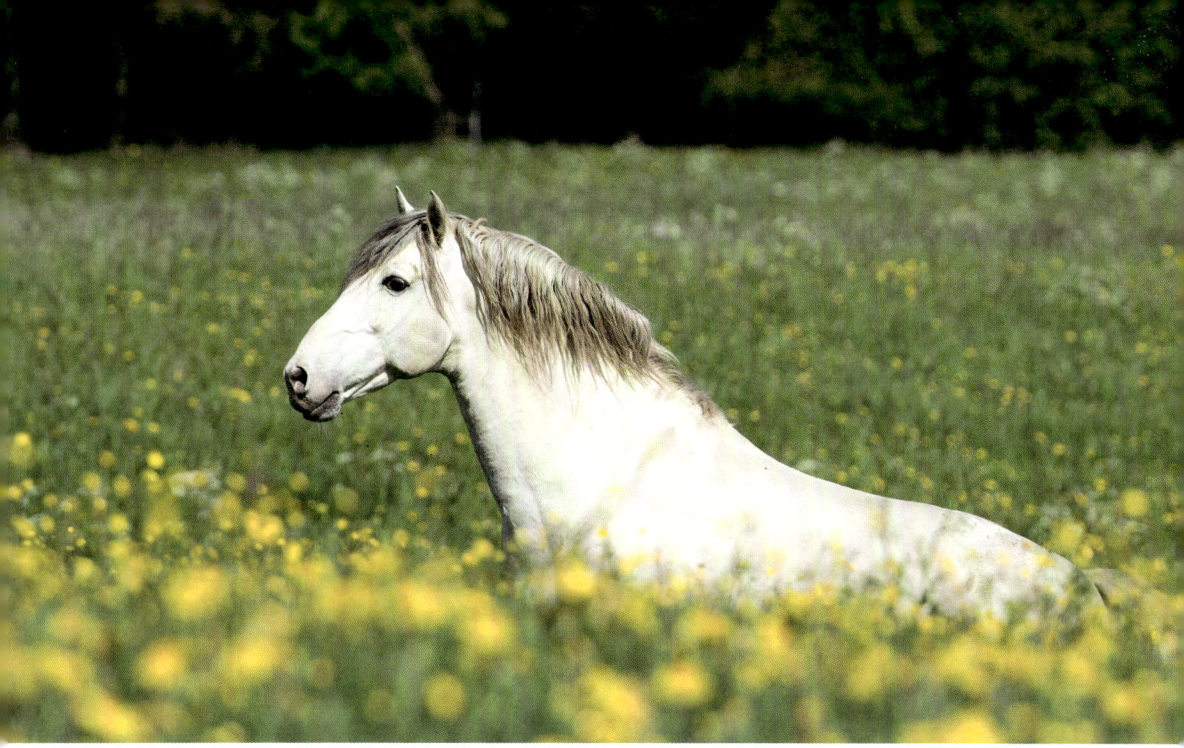

Bei Weidepferden sollte der Kot regelmäßig auf Würmer untersucht werden.

Gegen Infektionsgefahr durch Wundstarrkrampf, vor allem bei äußeren Verletzungen, geben Tetanusimpfungen einen zeitlich begrenzten Schutz. Gegen Influenza erfolgt eine Grundimpfung oder Grundimmunisierung, die nach vier bis höchstens zehn Wochen wiederholt wird. Danach wird jedes halbe Jahr nachgeimpft. Gegen Tetanus wird ebenfalls eine zweimalige Grundimpfung mit sechswöchiger Pause gegeben, die Nachimpfung ist dann alle zwei Jahre fällig.
Impfungen gegen Herpes sind vor allem bei Stuten zu empfehlen, da es bei ihnen durch diese Viren zum Verlust eines ungeborenen Fohlens kommen kann, dem sogenannten Virusabort. Sie können aber auch Erkältungen, Husten und Gehirnhautentzündung verursachen. Nach der Grundimpfung ist halbjährlich nachzuimpfen.
Impfungen gegen Tollwut sind nur in tollwutverdächtigen Gebieten erforderlich und werden dann vom Amtstierarzt angeordnet. Bei Weidepferden sind sie einmal im Jahr zu empfehlen. Wer mit seinem Pferd ins Ausland reist, muss sich vorher über die internationalen Impfbestimmungen informieren.

Wurmkuren sollten in der Regel drei- bis viermal im Jahr durchgeführt werden, auf jeden Fall im Frühjahr und im Herbst. Bei

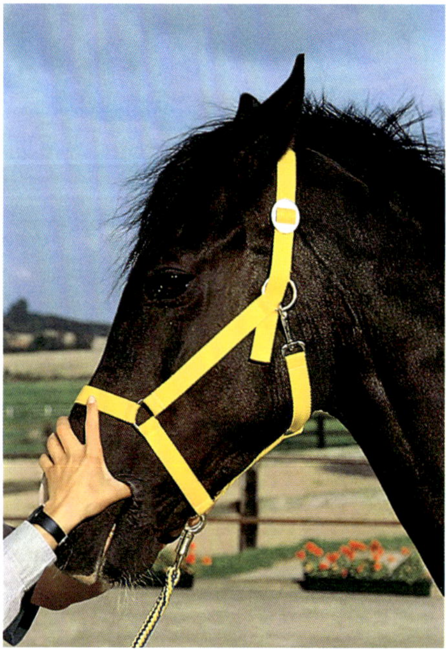

Verabreichung einer Wurmkur: Mit dem Daumen vorsichtig in die Laden greifen,

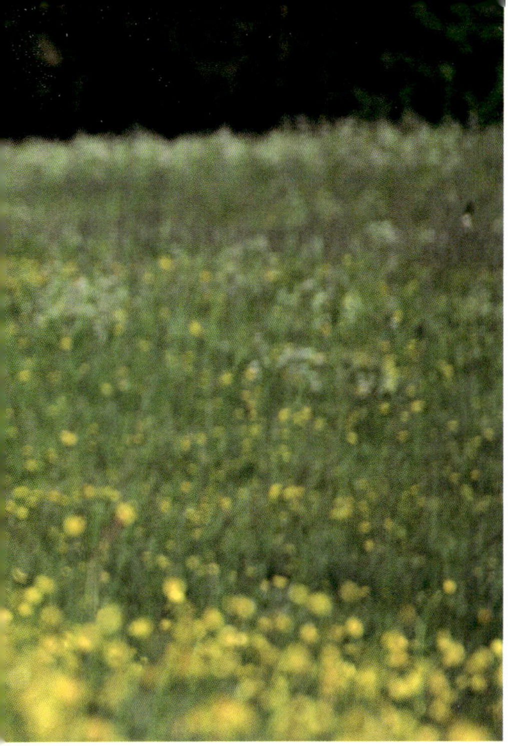

Weidepferden können sie häufiger nötig sein. Der Tierarzt sollte deshalb immer wieder Kotproben untersuchen.

WAS TUN, WENN ES DEM PFERD NICHT GUT GEHT?

Über diese vorbeugenden Maßnahmen hinaus sollte man sein Pferd ständig genau beobachten. Anzeichen einer Erkrankung sind Teilnahmslosigkeit, Gehunlust oder Antriebsschwäche, Unruhe, Schweißausbrüche und Appetitlosigkeit, Husten, Stöhnen und vermehrter Nasenausfluss. Wer sein Pferd kennt, wird rasch feststellen, wenn es sich ungewöhnlich, anders als sonst, verhält. Bei Verdacht auf eine Erkrankung sollte immer der Tierarzt zu Rate gezogen werden – lieber einmal zu oft als einmal zu wenig!

P.A.T.-WERTE

Die wichtigsten Werte zur Überprüfung des Gesundheitszustandes sollte jeder kennen: die P.A.T.-Werte (P.A.T. ist die Abkürzung für Puls, Atmung und Temperatur). Die folgenden

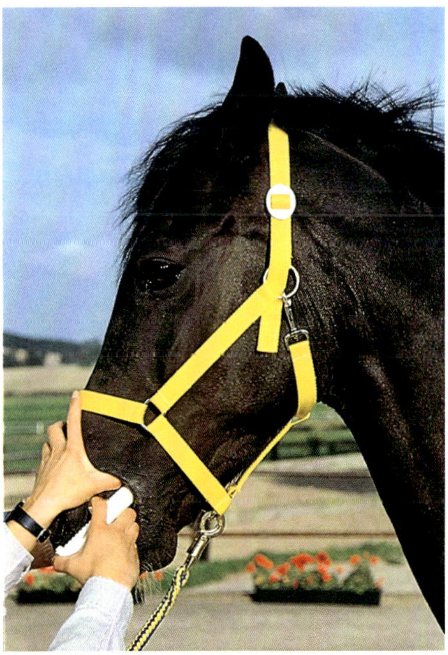

... dann die Wurmkur weit hinten ins Maul geben.

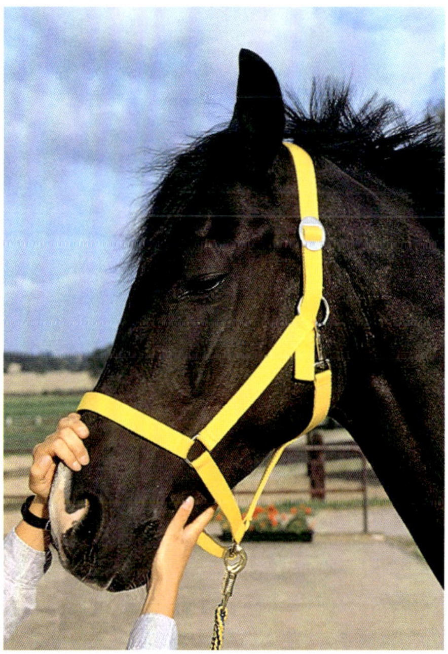

Das Maul kurz zuhalten, damit möglichst viel Wurmkurpaste im Maul verbleibt.

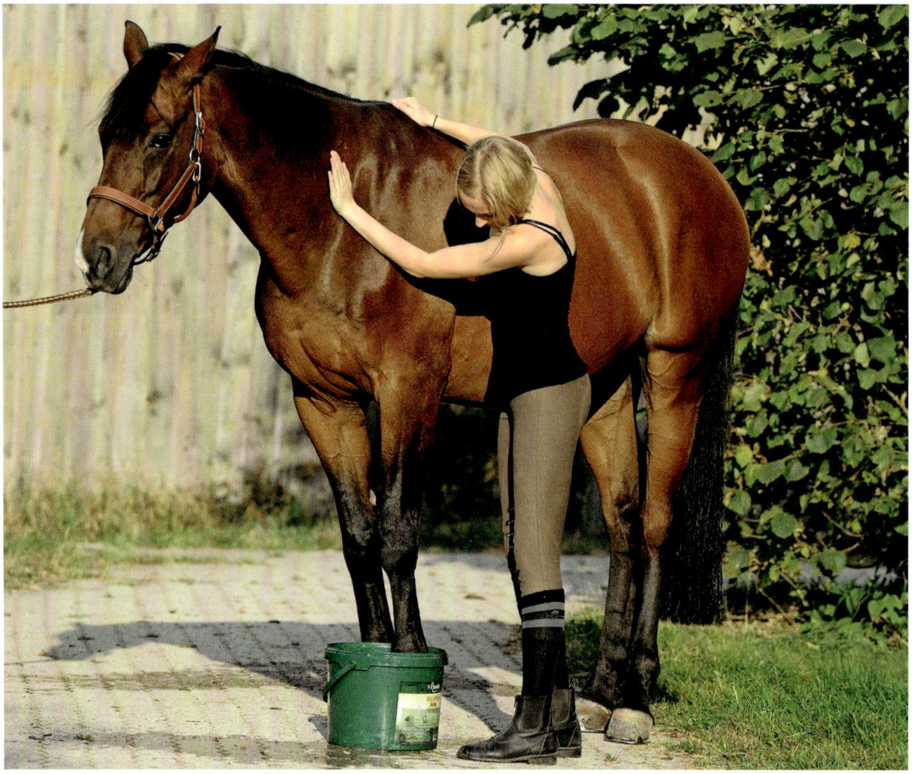

Auf diese Weise kann zum Beispiel ein Bluterguss gekühlt werden.

Angaben beziehen sich auf das gesunde, in Ruhe befindliche Pferd: Der Pulsschlag beträgt 28 bis 44 Schläge pro Minute, die Anzahl der Atemzüge liegt zwischen 8 und 16 und die Normaltemperatur zwischen 37,5 und 38,2 °C.

KLEINERE VERLETZUNGEN

Kleinere Verletzungen, wie oberflächliche Hautwunden (Abschürfungen), werden oft nicht ernst genug genommen, können aber schwere Folgen haben. Wer die nötige Erfahrung hat, schneidet und rasiert die Haare rings um den Wundrand ab. Die Wunde wird mit sauberem Wasser gereinigt, dann mit einem zugelassenen Haut-Desinfektionsmittel bestrichen und – nach Absprache mit dem Tierarzt – weiterbehandelt. Verletzungen am Auge dürfen nie mit einem starkem Desinfektionsmittel behandelt werden! Man tupft sie z. B mit einem Wattebausch ab, der mit lauwarmem, zuvor abgekochtem Wasser getränkt wurde.

NAGELTRITT

Beim sogenannten Nageltritt sind spitze oder scharfe Gegenstände in den Huf eingedrungen und reißen dort größere oder kleinere Löcher, die gefährliche Eintrittspforten für Eiterbakterien bilden. Der eingetretene Fremdkörper muss möglichst schnell vom Tierarzt entfernt, die Wunde von ihm behandelt werden. Ein nicht oder falsch behandelter Nageltritt kann zu Hufabszessen oder einer Hufrollenentzündung führen! Bis der Tierarzt kommt, wird ein Hufverband angelegt, der verhindert, dass zusätzliche Keime in die Wunde gelangen.

SOMMERWUNDE

Nennt man eine durch Parasiten (Fliegeneier) schlecht heilende, nässende Wunde. Die Eiablage der Fliegen verhindert man, indem die vorbehandelte Wunde mit einer desinfizierenden, antibiotischen Salbe abgedeckt wird.

BLUTERGÜSSE

Ein Bluterguss muss sofort gekühlt werden: Dafür wird eine Wasserdusche bzw. ein Wasserstrahl aus dem Schlauch, ein Kühlgel oder Cool Pack aus der Apotheke benutzt.

KRANKHEITEN

Die wichtigsten Pferdekrankheiten zu erkennen, ist von entscheidender Bedeutung, um zu wissen, wie man sich im Einzelfall verhalten muss, bis der Tierarzt kommt.

MAUKE

Hierbei handelt es sich eine Hautentzündung in der Fesselbeuge, die in fortgeschrittenem Stadium stark nässt. Ursachen sind Nässe, Staub, Schmutz, hartes Bürsten oder chemische Reize. Die Fesselbeuge muss trocken und sauber gehalten werden. Eine vom Tierarzt verschriebene Salbe anwenden. Achtung: Chronische Mauke ist nur schwer heilbar!

ERSTVERSORGUNG BEI VERLETZUNGEN

— Bei einer kleineren Wunde Haare am Wundrand entfernen, die Wunde mit klarem, sauberem Wasser reinigen und mit einem vom Tierarzt verordneten Desinfektionsmittel behandeln.
— Leichte Blutungen durch Aufdrücken eines sauberen Tuches stillen.
— Stark blutende Wunden werden auch bei Verschmutzungen bis zum Eintreffen des Tierarztes nicht gereinigt, sondern sofort verbunden.
— Ein Bluterguss muss sofort gekühlt werden.
— Nageltritt: Der eingetretene Fremdkörper muss so rasch wie möglich vom Tierarzt entfernt, die Wunde von ihm behandelt werden. Die beim Eintreten entstandenen Verletzungen bilden gefährliche Eintrittspforten für Eiterbakterien!

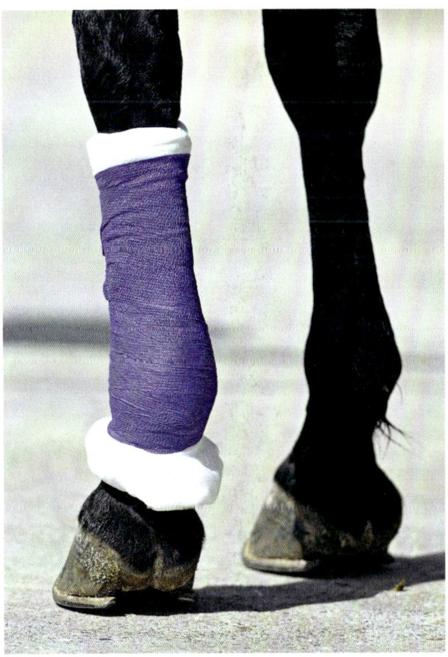

Für einen Verband braucht man eine sterile Wundauflage, Watte und eine Bandage.

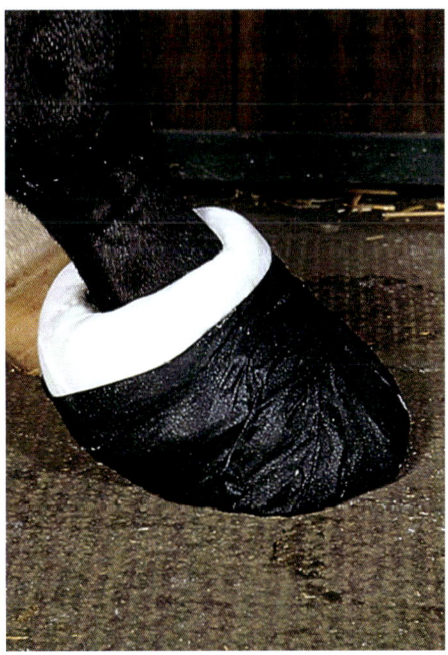

Ein Hufverband wird durch Klebeband vor Nässe geschützt.

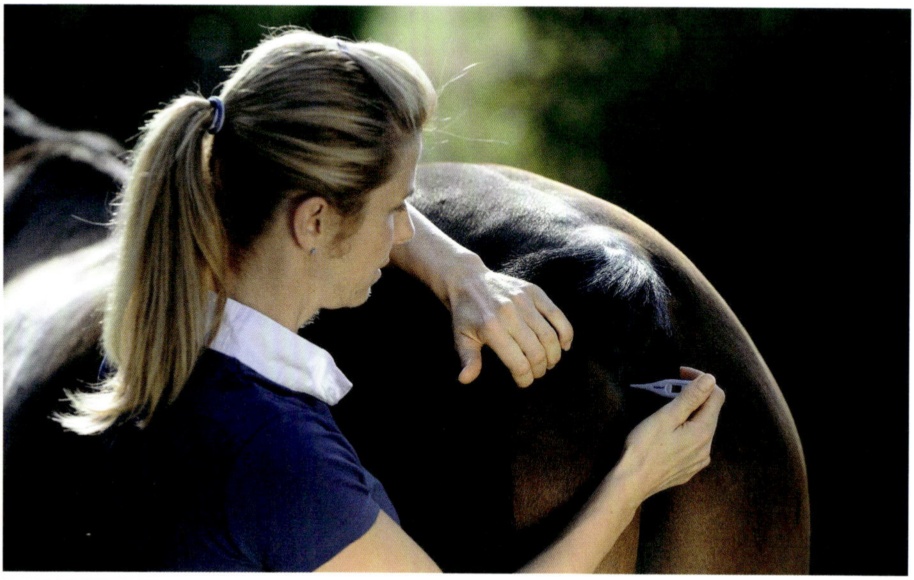

Fieber messen

STRAHLFÄULE

Sie entsteht durch mangelnde Hufpflege, nasse Streu und Mangel an Bewegung. Der Hornstrahl zerfällt in eine weiche, übel riechende Masse, in der tiefe Risse entstehen können. Der Strahl wird gründlich gesäubert, trocken gehalten und nach Rücksprache mit dem Tierarzt und/oder dem Hufschmied behandelt. Für trockene Stallverhältnisse sorgen!

HUSTEN

Pferde, die husten, werden, falls sie fieberfrei sind, an der frischen Luft schonend bewegt, d. h. geritten oder spazieren geführt. Wenn sie Fieber haben, muss der Tierarzt kommen. Das Pferd muss evtl. von den anderen getrennt werden. Der Stall sollte kühl und luftig, ohne Zugluft und möglichst staubfrei sein. Gut ist es, das Heu anzufeuchten.

KOLIK

Kolik ist ein Notfall, bei dem sofort der Tierarzt gerufen werden muss. Bei dieser schmerzhaften Verdauungsstörung kann das Pferd oft nicht mehr misten oder Wasser lassen, scharrt mit den Vorderbeinen, stellt die Hinterbeine weg, ist unruhig, sieht sich zum Bauch um, schlägt mit dem Schweif, legt sich immer wieder hin und hat Schweißausbrüche. Bis der Tierarzt kommt, darf es nicht fressen, aber schluckweise trinken. Man sollte es warm eindecken, massieren und im Schritt führen.

KREUZVERSCHLAG

Auch bei Kreuzverschlag muss schnellstens der Tierarzt geholt werden, weil Lebensgefahr besteht! Diese Krankheit wird volkstümlich auch als Feiertagskrankheit bezeichnet, weil sie oft durch zu kräftiges Futter (zu viel Eiweiß) bei Bewegungsmangel entsteht. Sie kann jedoch auch durch Überanstrengung verursacht werden. Kreuzverschlag ist eine schmerzhafte Erkrankung des Rückenmuskels und zeigt sich in starken Bewegungsstörungen der Hinterhand, die bald Lähmungs- und Erstarrungsformen annehmen und von Schweißausbrüchen begleitet sind. Jede Bewegung ist zu vermeiden, Rücken und Kruppe sollten warm eingedeckt werden.

NASENAUSFLUSS

Vermehrter Nasenausfluss ist ein Alarmzeichen und muss vom Tierarzt behandelt werden!

LEICHTE LAHMHEITEN

Bei leichten Beinschäden (Schwellungen, Verdickungen), die durch Überanstrengung oder Anschlagen entstanden sind, kann man bis zum Eintreffen des Tierarztes selbst Linderung verschaffen, indem man das Bein kühlt (wie beim Bluterguss).

SCHWERE LAHMHEITEN

Hoch schmerzhafte Lahmheiten, die z. B. durch Brüche, Zerrungen, Muskel- und Sehnenrisse, Verstauchungen und Knochenaufreibungen (z. B. Überbeine) verursacht sind, gehören unbedingt in die sofortige, fachkundige Behandlung durch den Tierarzt. Die vollständige Heilung kann einige Zeit in Anspruch nehmen.

AKTUELLE RECHTSLAGE

Früher galten sechs unheilbare Krankheiten als sogenannte Hauptmängel: Dämpfigkeit, Dummkoller, Kehlkopfpfeifen, Koppen, Periodische Augenentzündung und Rotz. Der Käufer hatte das Recht auf Rückgabe des Pferdes, falls sie nicht angegeben wurden. Seit dem neuen Pferdekaufrecht vom 1.1.2002 gibt es diese Hauptmängel nicht mehr: Der Käufer kann nun bei allen Krankheiten, die sich im Nachhinein herausstellen und schon zum Zeitpunkt des Verkaufs bestanden haben, vom Vertrag zurücktreten – allerdings beschreiten manche Verkäufer den Klageweg.

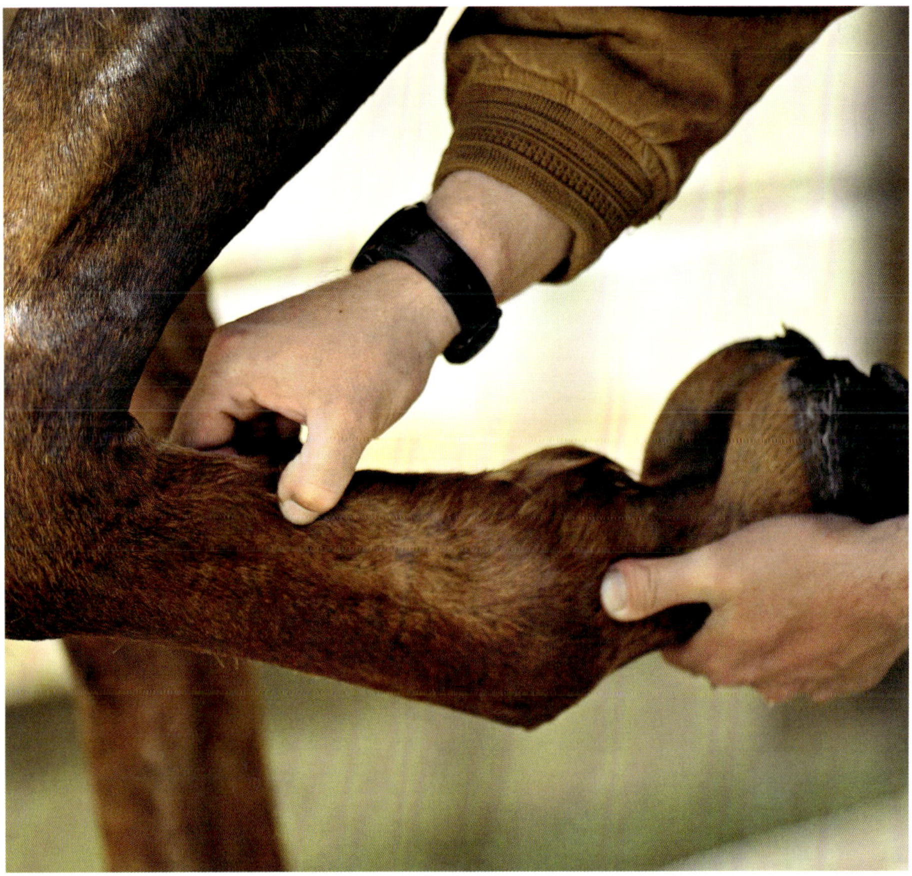

Das Abtasten der Sehne erlaubt erste Rückschlüsse auf die Verletzung.

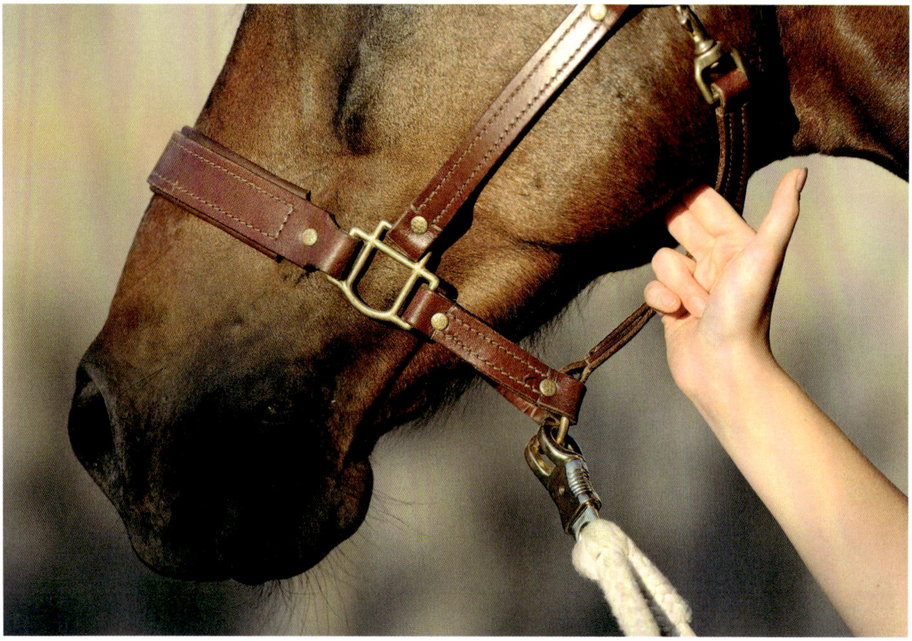

Den Puls fühlt man mit Zeige- und Mittelfinger an der äußeren Unterkieferpartie.

WAS TUN IM NOTFALL?

— Bei Mauke muss die entzündete Stelle gründlich gereinigt, trocken gehalten und mit einer vom Tierarzt verschriebenen Salbe behandelt werden. Mauke heilt am besten in Ruhestellung.
— Bei Strahlfäule den Strahl gründlich säubern, trocken halten und nach Rücksprache mit Tierarzt/Hufschmied behandeln.
— Bei Husten ohne Fieber das Pferd leicht bewegen, bei Fieber den Tierarzt holen.
— Bei Kolik sofort den Tierarzt rufen, das Pferd warm eindecken, massieren, führen.
— Kreuzverschlag ist lebensgefährlich und wird vom Tierarzt behandelt. Bis dahin das Pferd auf keinen Fall bewegen, Rücken und Kruppe warm eindecken.
— Bei Nasenausfluss und Lahmheiten den Tierarzt holen!

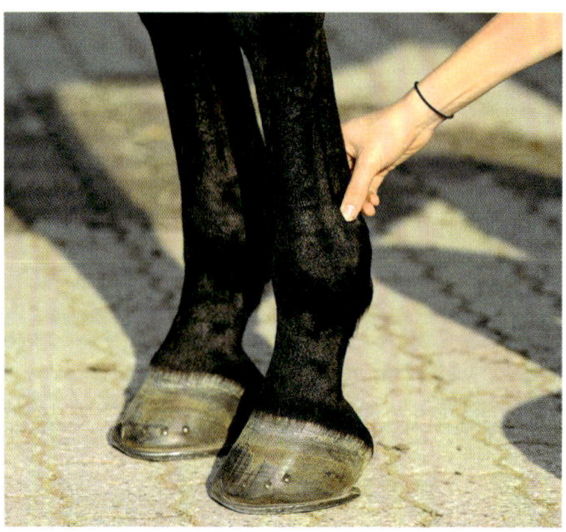

Auch am Fesselkopf kann der Puls gefühlt werden.

NOCH EIN TIPP ZUM SCHLUSS

Es ist sehr empfehlenswert, sich genaueres Wissen und fachliche Fertigkeiten zur Erstversorgung des Pferdes bei Krankheiten und Verletzungen anzueignen. Am besten geschieht das in einem Kurs oder auch durch die Lektüre von Büchern über Erste-Hilfe-Maßnahmen bei Pferden. Die so erworbenen Kenntnisse können natürlich den Tierarzt nicht ersetzen, der es bestimmt nicht übel nimmt, wenn er einmal umsonst gerufen wird!

☞ WISSENS-CHECK **KRANKHEITEN/VERLETZUNGEN**

?	**Was versteht man unter P.A.T.-Werten?**	✓	Puls, Atmung und Temperatur des Pferdes
?	**Wie hoch ist der Puls eines in Ruhe befindlichen Pferdes?**	✓	28 bis 44 Schläge in der Minute
?	**Wie oft atmet ein Pferd in Ruhehaltung?**	✓	8 bis 16 Atemzüge pro Minute
?	**Wie hoch ist die Normaltemperatur des in Ruhe befindlichen Pferdes?**	✓	37,5 bis 38,2° Celsius
?	**Welche Anzeichen deuten auf eine Krankheit hin?**	✓	Teilnahmslosigkeit, Gehunlust, Unruhe, Schweißausbrüche und Appetitlosigkeit, Husten, Stöhnen, vermehrter Nasenausfluss

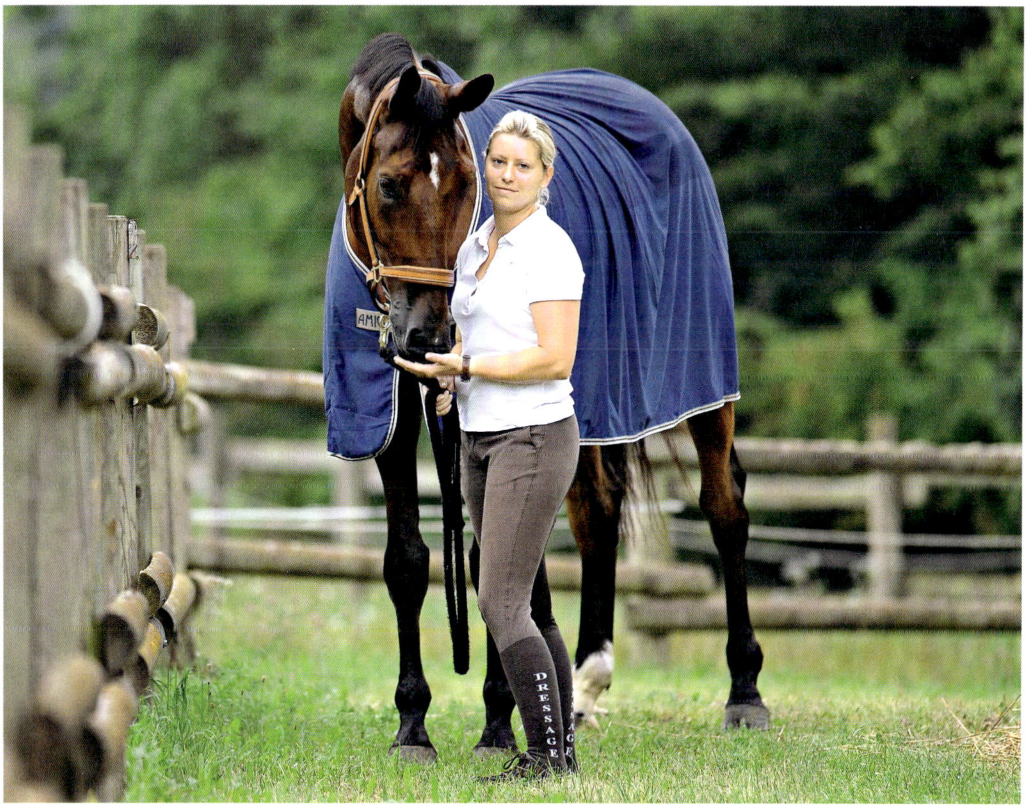

Bei Verdacht auf Kreuzverschlag das Pferd eindecken und nicht bewegen.

?	**Was tut man bei starken Blutungen?**	✓	Man ruft sofort den Tierarzt! Stark blutende Wunden werden auch bei Verschmutzungen nicht gereinigt, sondern sofort verbunden. Wer dies gelernt hat, kann einen Druckverband anlegen. Diese Maßnahme ist lediglich eine Erste-Hilfe-Leistung und darf sich nie über einen längeren Zeitraum erstrecken.
?	**Was ist bei einem Nageltritt zu tun?**	✓	Sofort den Tierarzt holen! Er muss den Fremdkörper entfernen und die Wunde sachgemäß behandeln.
?	**Wie werden Verletzungen um das Auge behandelt?**	✓	Keine starken Desinfektionsmittel benutzen! Stattdessen z.B. mit einem in lauwarmem, vorher abgekochtem Wasser getränkten Wattebausch abtupfen.
?	**Wie wird ein Bluterguss behandelt?**	✓	Er wird sofort gekühlt (Wasserstrahl bzw. Kühlgel oder Cool Pack aus der Apotheke).
?	**Was ist Mauke und wie wird sie behandelt?**	✓	Mauke ist eine Hautentzündung in der Fesselbeuge, die im fortgeschrittenen Stadium stark nässt. Die Fesselbeuge muss ruhig gestellt, trocken und sauber gehalten und mit einer Salbe behandelt werden, die der Tierarzt verschreibt.
?	**Was tut man gegen Strahlfäule?**	✓	Der Strahl wird gründlich gesäubert und trocken gehalten. Die weitere Behandlung des Pferdes wird mit dem Tierarzt und/oder Hufschmied abgesprochen.
?	**Was ist bei Husten zu tun?**	✓	Fieberfreie Pferde werden draußen an der frischen Luft schonend bewegt. Bei Husten mit Fieber den Tierarzt kommen lassen. Kranke Tiere sollten in einen kühlen, luftigen Stall ohne Zugluft gestellt und eventuell von den anderen Pferden getrennt werden. Staub möglichst ganz vermeiden. Das Heu anfeuchten!
?	**Was ist eine Kolik?**	✓	Eine schmerzhafte Verdauungsstörung, bei der das Pferd nicht mehr misten oder Wasser lassen kann.
?	**Woran erkennt man eine Kolik?**	✓	Am Scharren mit den Vorderbeinen, Wegstellen der Hinterbeine, häufigem Sichumsehen zum Bauch, Schweifschlagen, gehäuftem Niederlegen, Schweißausbruch
?	**Was kann man tun, bis der Tierarzt kommt?**	✓	Das Pferd darf nicht fressen und nur schluckweise trinken. Warm eindecken und im Schritt führen!

?	**Was ist Kreuzverschlag und woran erkennt man ihn?**	✓	Kreuzverschlag ist die volkstümliche Bezeichnung für eine schmerzhafte Erkrankung des Rückenmuskels, die sich in starken Bewegungsstörungen der Hinterhand zeigt, die bald Lähmungs- und Erstarrungsformen annehmen und von Schweißausbrüchen begleitet sind.
?	**Was kann dagegen getan werden?**	✓	Schnellstens den Tierarzt holen, weil Kreuzverschlag lebensgefährlich ist!
?	**Was ist zu tun, bis der Tierarzt da ist?**	✓	Das Pferd nicht bewegen. Rücken und Kruppe warm eindecken.
?	**Wie behandelt man ein Pferd mit Nasenausfluss?**	✓	Nasenausfluss ist ein Alarmzeichen. Sofort den Tierarzt holen!
?	**Wie verfährt man bei leichten Beinschäden (Schwellungen, Verdickungen), die durch Überanstrengung oder Anschlagen entstanden sind?**	✓	Zur Sicherheit den Tierarzt rufen. In den ersten drei Tagen wird das Bein gekühlt, dann warm behandelt (vgl. Bluterguss).
?	**Wie verhält man sich bei schweren Lahmheiten?**	✓	Unbedingt den Tierarzt rufen! Bis dahin kann Linderung verschafft werden, indem man das Bein kühlt (s. o.).

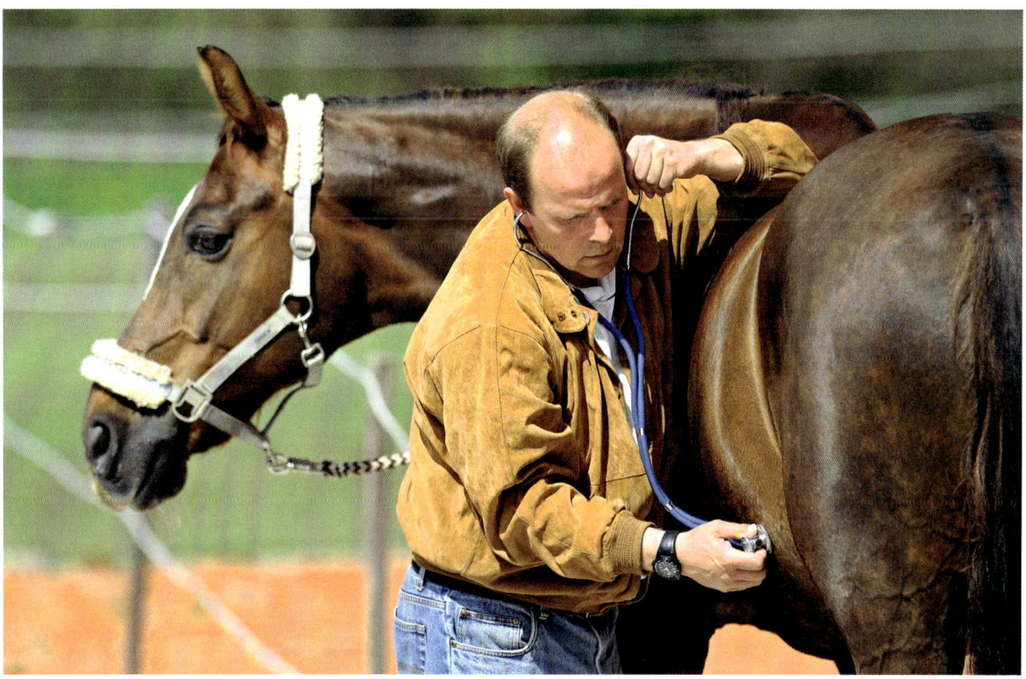

Bei Koliksymptomen unbedingt den Tierarzt rufen

SERVICE

— *zu guter Letzt*

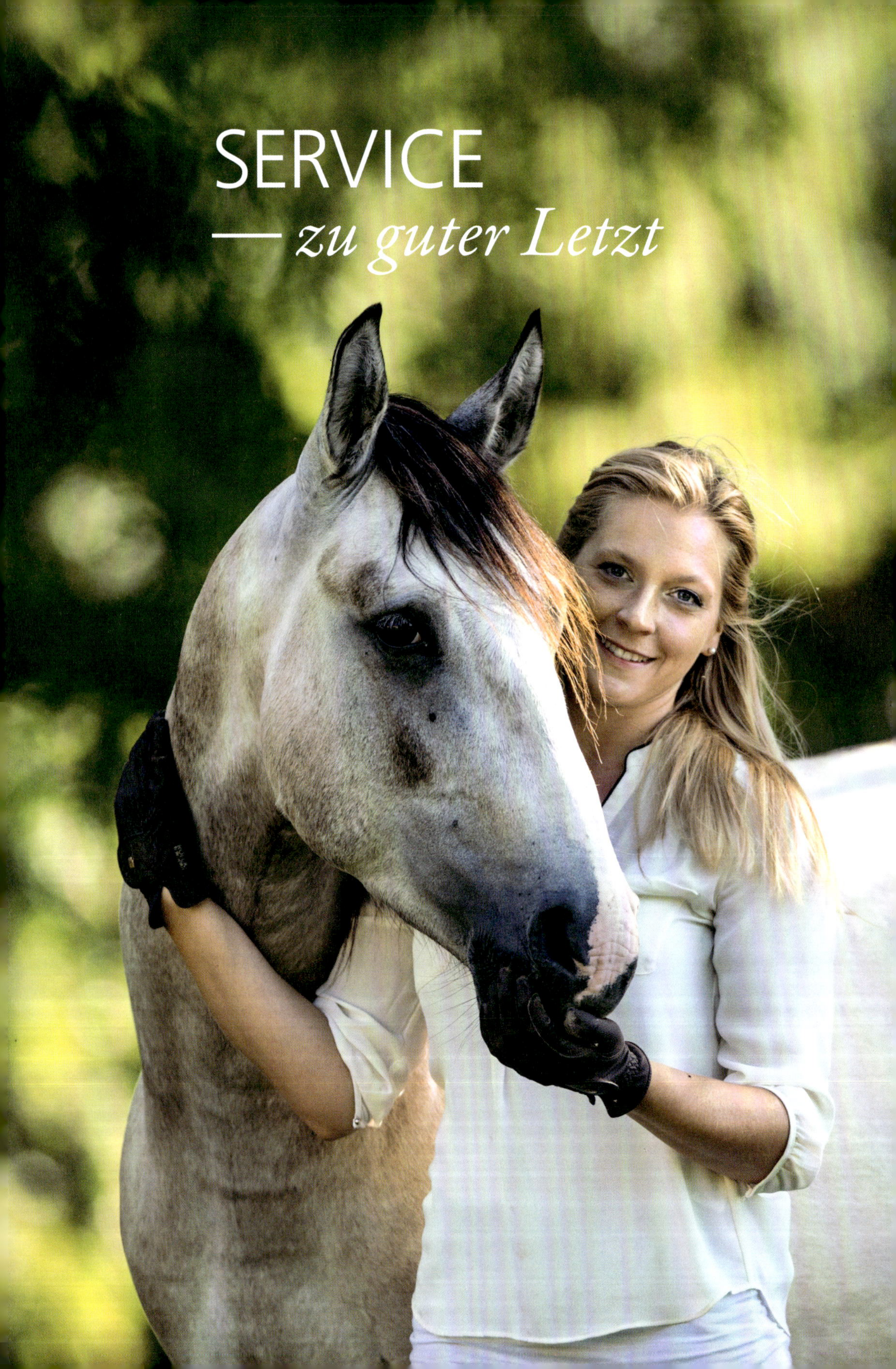

WICHTIGE ABKÜRZUNGEN

APO	Ausbildungs- und Prüfungsordnung
BA	Basis- und Aufbauprüfungen
BBR	Bundesvereinigung der Berufsreiter
BW	Breitensportwettbewerbe
CCI	Concours Complet International (Internationales Vielseitigkeitsturnier)
DOKR	Deutsches Olympiade-Komitee für Reiterei
DRFV	Deutscher Reiter- und Fahrerverband e. V.
DRV	Deutsche Richtervereinigung für Pferdeleistungsprüfungen
DSB	Deutscher Sportbund
EWU	Erste Westernreiter Union Deutschland e. V.
FA	Fahrabzeichen
FEI	Fédération Equestre Internationale (Internationale Reiterliche Vereinigung)
FN	Fédération Equestre Nationale (Deutsche Reiterliche Vereinigung)
HDP	Hauptverband für Zucht und Prüfung deutscher Pferde e. V.
IGV	Internationale Gangpferde Vereinigung e. V.
IGV-PO	Internationale Gangpferde Vereinigung-Prüfungsordnung
IPO	Islandpferde-Prüfungs-Ordnung
IPZV	Islandpferde-, Reiter- und Züchterverband
LDR	Langer Distanzritt
LE	Lerneinheiten
Lk	Leistungsklasse
LK	Landeskommission für Pferdeleistungsprüfungen
LP	Leistungsprüfung
LPO	Leistungs-Prüfungs-Ordnung
LV	Landesverband der Reit- und Fahrvereine
PLS	Pferdeleistungsschau
PS	Pferdeschau
RA	Reitabzeichen
RG	Réglement Général der FEI
RP	Reitpass
RV	Reit-, Fahr- oder Voltigierverein
StVZO	Straßenverkehrszulassungsordnung
StVO	Straßenverkehrsordnung
VA	Voltigierabzeichen
VDD	Verein Deutscher Distanzreiter und -Fahrer e. V.
VL	Vielseitigkeit Kl. L (Richter, Parcourschef)
WB	Wettbewerb
WBO	Wettbewerbsordnung für den Breitensport
WRA	Westernreitabzeichen
ZV	Zuchtverband

ZUM WEITERLESEN

PFERDEKUNDE / GESUNDHEIT

Gohl, Christiane: **Was der Stallmeister noch wusste**; KOSMOS 2022
Ausflüge in eine Zeit, in der das Reiten kein Hobby, sondern ein wichtiger Teil des Lebens war, bringen Kurioses, Amüsantes und vor allem erstaunlich Nützliches ans Licht.

Higgins, Gillian: **Anatomie verstehen – Die Organe des Pferdes**, Das Innere des Pferdes sichtbar gemacht; KOSMOS 2021
Gillian Higgins ergründet hier zusammen mit dem Leser die anatomischen Systeme, in einzigartiger und bewährter Form direkt auf den Pferdekörper gemalt. Sie erläutert deren Funktion und stellt einen unmittelbaren praktischen Bezug zur Pferdegesundheit und zum richtigen Training her.

REITEN

Schöffmann, Dr. Britta: **Lektionen richtig reiten**, Mit Übungen – geritten von den Weltmeisterinnen Kristina Bröring-Sprehe und Isabell Werth; KOSMOS 2016
Von A wie Abwenden bis Z wie Zick-Zack-Traversale findet der Reiter in diesem Buch jede wichtige Lektion ausführlich erklärt. Er erfährt, wie die Übungen richtig geritten werden, welche Fehler man vermeiden sollte und mit welchen Hilfen die Lektionen Schritt für Schritt erarbeitet werden.

Schöffmann, Dr. Britta: **So lernen Pferde Reiterhilfen**, KOSMOS 2018
Ausgehend von aktueller Verhaltensforschung und praktisch angewandter Lerntheorie erklärt Dressurexpertin Britta Schöffmann die Wirkung reiterlicher Hilfen im täglichen Training. Anhand zahlreicher Beispiele zeigt sie, wie das Pferd konkrete Lektionen lernt.

REITABZEICHEN

Hölzel, Dr. Petra / Schöffmann, Dr. Britta: **Pferdeführerschein Reiten**, Prüfungswissen der FN für Theorie und Praxis; KOSMOS 2020
Der Pferdeführerschein Reiten ist der Führerschein für jeden Reiter, der sicher und selbstständig ins Gelände reiten möchte. Aktualisiert nach der aktuellen APO 2020.

Putz, Michael: **Die Reitabzeichen**, Prüfungswissen der FN für Theorie und Praxis; KOSMOS 2021
Dieser Ratgeber zu den Reitabzeichen 5 bis 1 der FN liefert aktuelles Wissen zur praktischen und theoretischen Prüfung. Ganz gleich, ob es um Prüfungsbestimmungen, die Beurteilung der Dressuraufgaben, Springparcours oder die theoretische Wissensabfrage in Frage und Antwort geht.

Böhmke, Waltraud: **Reitabzeichen Bodenarbeit**, Prüfungswissen der FN für Theorie und Praxis, KOSMOS 2018
Dieser Ratgeber enthält alle wichtigen Grundlagen und Fakten für die Prüfungsvorbereitung. Die FN-Ausbilderin Waltraud Böhmke erklärt Schritt-für-Schritt, wie Führen, Longieren, Verladen, Stangenarbeit und die Bewältigung von Schrecksituationen funktionieren.

BODENARBEIT

Teschen, Babette/Konnerth, Tania: **Praxiskurs Bodenarbeit**; KOSMOS 2021
Die erfahrenen Pferdeausbilderinnen Babette Teschen und Tania Konnerth zeigen die Grundlagen der Bodenarbeit. Schritt für Schritt erklären sie jede Übung vom Anti-Scheutraining bis zur Angstbewältigung und erläutern stets auch Sinn und Ziel.

PRÜFUNGS-VORBEREITUNG

Die praktischen Übungen zur Bodenarbeit, wie z.B. Slalom (S. 44), Gangmaßwechsel im Schritt (S. 45), Rückwärts (S. 50), Stationsprüfung Bodenarbeit (S. 51) sind entnommen aus dem Buch **Reitabzeichen Bodenarbeit** von Waltraud Böhmke. Dort sind auch weitere Prüfungsaufgaben zu den Stationsprüfungen Bodenarbeit detailliert beschrieben und mit zahlreichen Fotos illustriert.

Die zehn Filme aus der KOSMOS PLUS app zeigen ausgewählte Prüfungsinhalte vorgeführt von Carolin Böhmke. Waltraud und Carolin Böhmke arbeiten gemeinsam im eigenen Betrieb in der Elbmarsch. Sie züchten Hannoveraner und bilden ihre Pferde selbst aus. Ein Schwerpunkt hierbei ist die Bodenarbeit. Weitere Informationen auf www.boehmke-belum.de.

Die Beispiele zum Führen im öffentlichen Raum (S. 54/55) sind entnommen aus dem Buch **Praxiskurs Bodenarbeit** von Babette Teschen und Tania Konnerth. Mit diesem Ratgeber lernt man Schritt für Schritt, wie man sein Pferd an unbekannte Gegenstände und Situationen gewöhnen kann. Auf ihrer Seite www.wege-zum-pferd.de bieten die Autorinnen praktischen Rat zur Ausbildung und Korrektur von Pferden.

NÜTZLICHE ADRESSEN

Deutsche Reiterliche Vereinigung (FN)
Freiherr-von-Langen-Str. 13
D-48231 Warendorf
Tel. (+49) (0)2581-63620
Fax (+49) (0)2581-62144
fn@fn-dokr.de
www.fn.dokr.de

Unter dem Link https://www.pferd-aktuell.de/ausbildung/fuehrerscheine-im-pferdesport/pferdefuehrerschein-umgang/pferdefuehrerschein-umgang finden Sie weitere Informationen zum Pferdeführerschein Umgang.

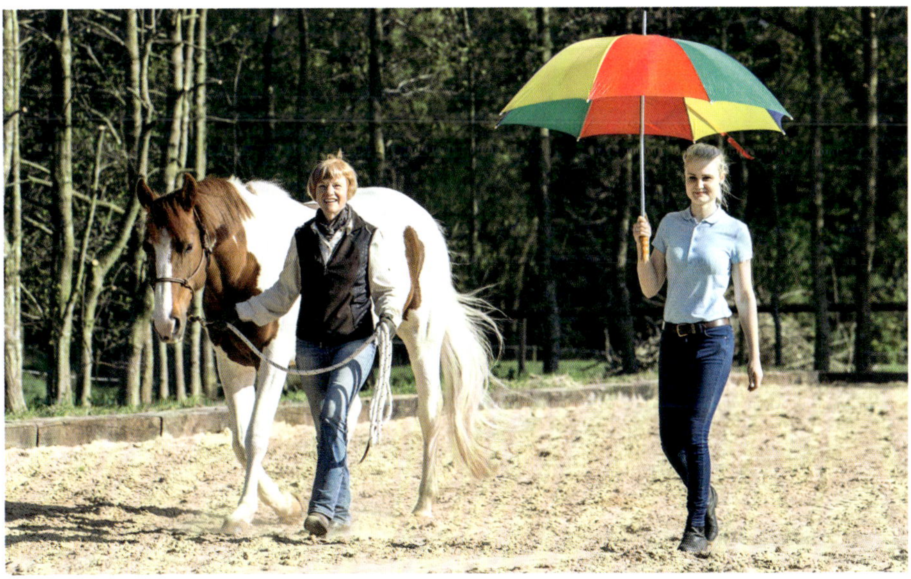

Regenschirme als ungefährliche Gegenstände kennenzulernen, ist für Pferde sehr sinnvoll.

REGISTER

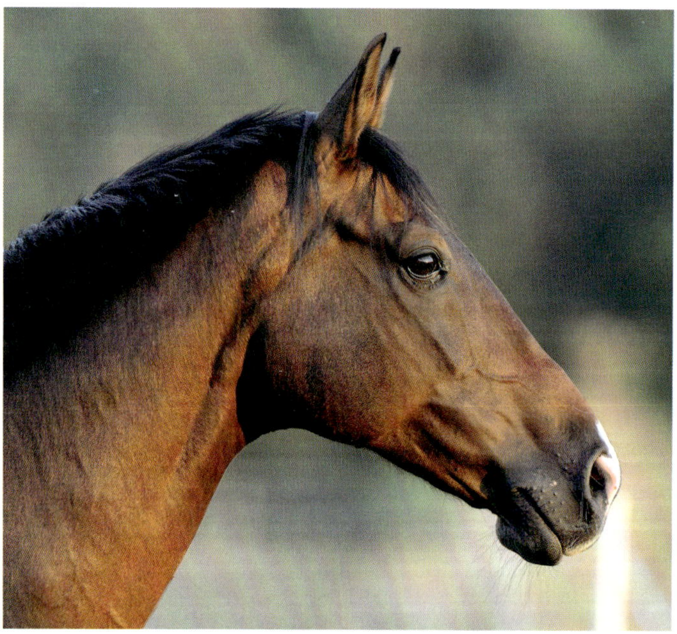

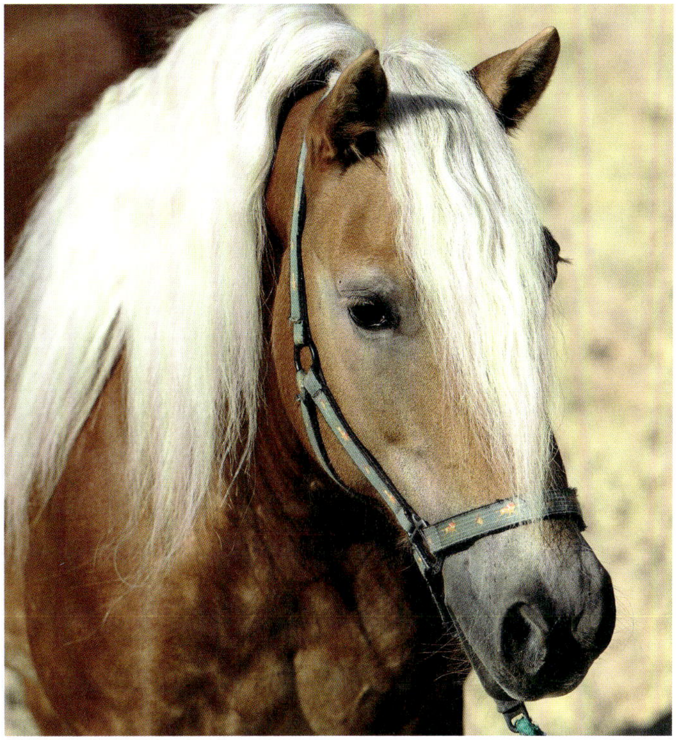

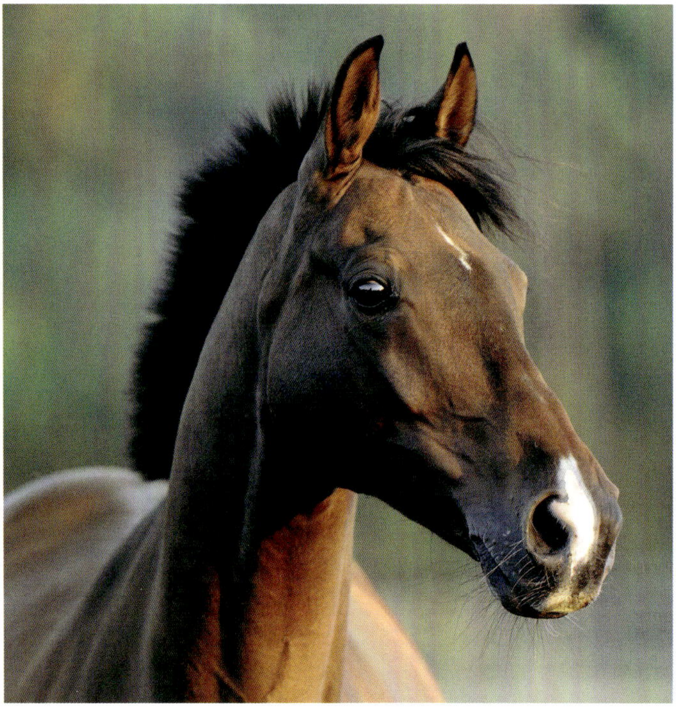

BILDNACHWEIS

100 Farbfotos wurden von Horst Streitferdt für dieses Buch aufgenommen.
Weitere Farbfotos von Ulrike Amler (1): S. 94 re.; Gudrun Braun (6): S. 44 li., re., 80 li., re., 53 li., re.; Felix von Döring / Kosmos (3): S. 102 u., 103 u.li., u.re.; Pauline von Hardenberg / Kosmos (10): Innenklappe vorne o.re., S. 7, 43, 45 o., u.li., u.re., 78 li., 84 li., re., 115; Maresa Mader / Kosmos (26): S. 2/3, 16 li., re., 23, 24 o., mi., u., 27, 63, 69, 81 re., 87, 88, 89 o., mi., u., 92 li., re., 93 li., re., 97 u.li., 98, 99, 100, 102 o., 112, 120; Horst Streitferdt / Kosmos (12): S. 54, 55, Innenklappe vorne.

Mit Illustrationen von Marianne Golte-Bechtle / Kosmos (18): Innenklappe hinten; Cornelia Koller / Kosmos (3): S. 32 o., 33, 51; Susanne Retsch-Amschler / Kosmos (13): S. 28, 29.

IMPRESSUM

Umschlaggestaltung von Jorge Schmidt unter Verwendung von einem Farbfoto von Horst Streitferdt / Kosmos (Umschlagvorderseite), zwei Farbfotos von Pauline von Hardenberg / Kosmos (Umschlagrückseite, Klappe vorne), einem Farbfoto von Gabriele Metz / Kosmos (Klappe hinten).

Mit 158 Farbfotos und 34 Farbillustrationen.

Alle Angaben und Methoden in diesem Buch sind sorgfältig recherchiert, erwogen und geprüft. Sie entbinden den Pferdefreund nicht von der Eigenverantwortung für sein Tier und sich selbst. Die Anwendung der beschriebenen Methoden liegt in eigener Verantwortung. Der Verlag und die Autorin übernehmen keine Haftung für Personen-, Sach- oder Vermögensschäden, die aus der Anwendung der vorgestellten Materialien und Methoden entstehen.

Unser gesamtes Programm finden Sie unter **kosmos.de**.
Über Neuigkeiten informieren Sie regelmäßig unsere Newsletter, einfach anmelden unter **kosmos.de/newsletter**

Gedruckt auf chlorfrei gebleichtem Papier

6., aktualisierte, überarbeitete Ausgabe

ISBN 978-3-440-15722-0
Redaktion: Alexandra Haungs
Gestaltungskonzept: Peter Schmidt Group GmbH, Hamburg
Gestaltung und Satz: Atelier Krohmer, Dettingen/Erms
Produktion: Claudia Frank
Druck und Bindung: Westermann Druck Zwickau GmbH, Zwickau
Printed in Germany / Imprimé en Allemagne

FSC® www.fsc.org MIX Papier | Fördert gute Waldnutzung FSC® C110508

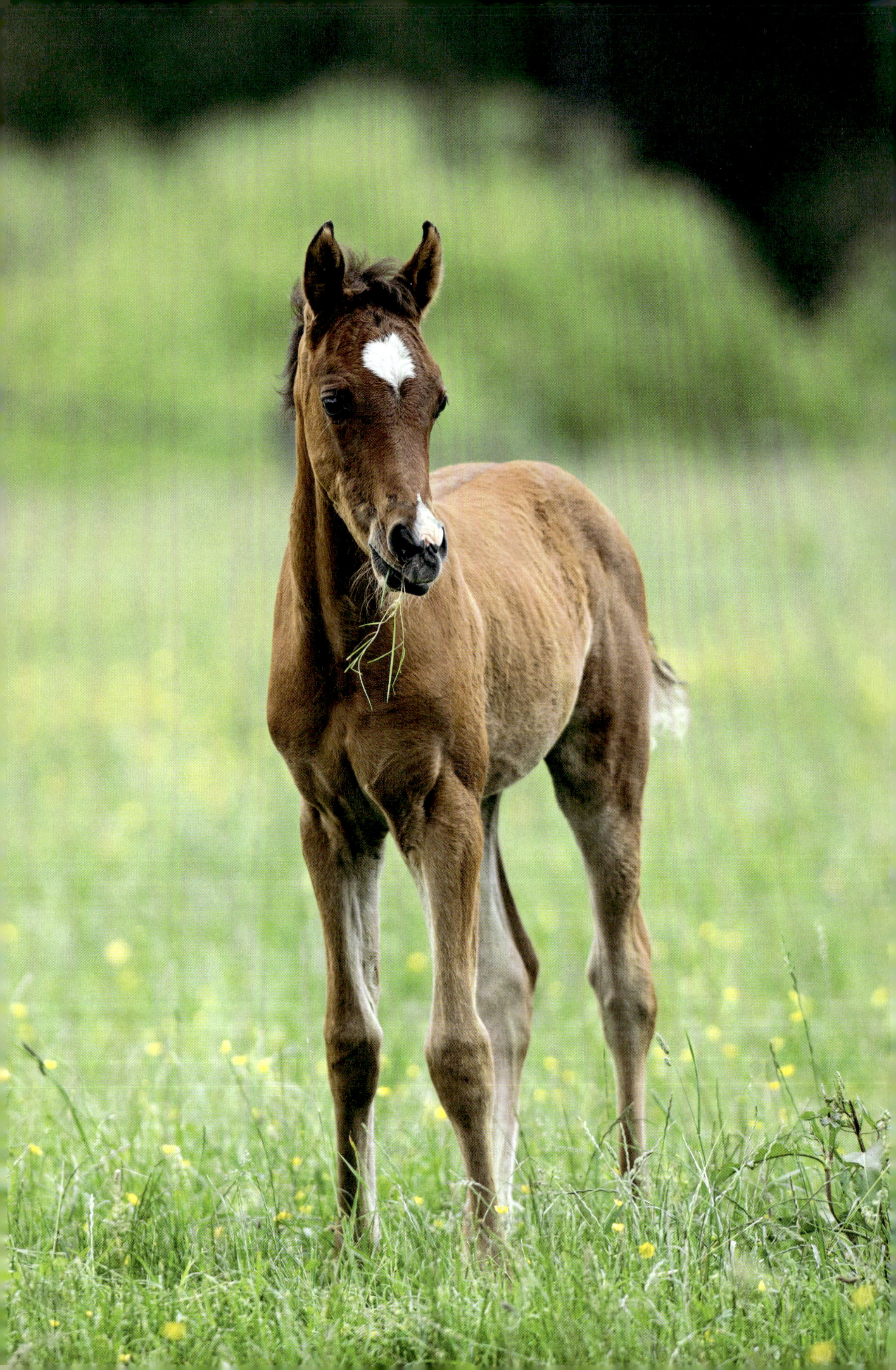